Gestion du temps par le raffinement

Joris Rehm

Gestion du temps par le raffinement

Patrons de raffinement pour modèles formels de systèmes temporels

Éditions universitaires européennes

Mentions légales/ Imprint (applicable pour l'Allemagne seulement/ only for Germany)
Information bibliographique publiée par la Deutsche Nationalbibliothek: La Deutsche Nationalbibliothek inscris cette publication à la Deutsche Nationalbibliografie; des données bibliographiques détaillées sont disponibles sur internet à l'adresse http://dnb.d-nb.de.
 Toutes marques et noms de produits mentionnés dans ce livres demeurent sous la protection des marques, des marques déposées et des brevets, et sont des marques ou des marques déposées de leurs détenteurs respectifs. L'utilisation des marques, noms de produits, noms communs, noms commerciaux, descriptions de produits, etc, même sans qu'ils ne soient mentionnés de façon particulière dans ce livre ne signifie en aucune façon que ces noms peuvent être utilisés sans restriction a l'égard de la législation pour la protection des marques et des marques déposées et pourraient donc être utilisés par quiconque.

Photo de la couverture: www.ingimage.com

Editeur: Éditions universitaires européennes est une marque déposée de Südwestdeutscher Verlag für Hochschulschriften Aktiengesellschaft & Co. KG
Dudweiler Landstr. 99, 66123 Sarrebruck, Allemagne
Téléphone +49 681 37 20 271-1, Fax +49 681 37 20 271-0
Email: info@editions-ue.com
Agréé: Nancy, Université Henri Poincaré, thèse de doctorat, 2009

Produit en Allemagne:
Schaltungsdienst Lange o.H.G., Berlin
Books on Demand GmbH, Norderstedt
Reha GmbH, Saarbrücken
Amazon Distribution GmbH, Leipzig
ISBN: 978-613-1-51411-1

Imprint (only for USA, GB)
Bibliographic information published by the Deutsche Nationalbibliothek: The Deutsche Nationalbibliothek lists this publication in the Deutsche Nationalbibliografie; detailed bibliographic data are available in the Internet at http://dnb.d-nb.de.
 Any brand names and product names mentioned in this book are subject to trademark, brand or patent protection and are trademarks or registered trademarks of their respective holders. The use of brand names, product names, common names, trade names, product descriptions etc. even without a particular marking in this works is in no way to be construed to mean that such names may be regarded as unrestricted in respect of trademark and brand protection legislation and could thus be used by anyone.

Cover image: www.ingimage.com

Publisher: Éditions universitaires européennes is an imprint of the publishing house Südwestdeutscher Verlag für Hochschulschriften Aktiengesellschaft & Co. KG
Dudweiler Landstr. 99, 66123 Saarbrücken, Germany
Phone +49 681 37 20 271-1, Fax +49 681 37 20 271-0
Email: info@editions-ue.com

Printed in the U.S.A.
Printed in the U.K. by (see last page)
ISBN: 978-613-1-51411-1

Remerciements

Cette thèse a été menée au sein du LORIA avec une bourse du ministère de l'éducation nationale et le support du projet ANR RIMEL ANR-06-SETI-015-03.

J'aimerais tout d'abord remercier M. Yamine AIT AMEUR et M.Guy VIDAL-NAQUET pour avoir accepté la difficile charge de rapporteur. Je remercie également tous les membres du jury pour m'avoir fait l'honneur de leurs participations.

Je remercie chaleureusement tous les membres de l'équipe MOSEL du LORIA, permanents ou temporaires, encore présents ou partis vers d'autres horizons, sans lesquels ma vie professionnelle n'aurait pas été aussi constructive et agréable. Je remercie en particulier M. Dominique MÉRY pour le soutien qu'il m'a accordé.

Je remercie tout particulièrement mon directeur de thèse : M. Dominique CANSELL pour avoir effectivement donné une direction à mon travail, et ce, toujours avec la plus grande rigueur et gentillesse.

Je remercie profondément mes parents et ma famille pour m'avoir toujours soutenu. Enfin, *last but not least*, un grand merci à toi Ludivine pour m'avoir donné autant de soutien et de compréhension.

Table des matières

Chapitre 1

Introduction

Les logiciels sont bien connus pour ne pas être des systèmes fiables. Si cela porte peu à conséquence pour beaucoup d'usages grand public, cela devient problématique quand on souhaite profiter des avantages que procure l'informatique pour des applications plus délicates, comme par exemple, le transport de personnes. De plus, les systèmes numériques de communication et de traitement automatique de l'information deviennent de plus en plus partie intégrante du fonctionnement de notre société. Il est donc crucial de disposer d'un génie logiciel qui soit capable de garantir le bon fonctionnement des logiciels produits, comme cela se fait naturellement dans les domaines traditionnels de l'ingénierie.

Les logiciels sont des objets dynamiques qui changent en permanence d'état au cours du temps pour réaliser les fonctions qui leur sont demandées. La plupart du temps, on se préoccupe uniquement de savoir si le résultat va être calculé dans un temps raisonnable. Mais certaines applications nécessitent de prendre en compte précisément et quantitativement le comportement d'un programme au cours du temps. Il existe aussi des applications qui possèdent des mécanismes internes mettant en œuvre des phénomènes temporels. Ce genre de systèmes demande ainsi des méthodes particulières pour être mis au point. Après quelques définitions générales, nous allons nous intéresser à cette problématique.

Dans notre discours, un système est l'objet que l'on souhaite concevoir. Dans notre cas, il s'agit souvent d'un logiciel mais cela peut aussi être un composant d'électronique numérique ou plus généralement tout système à états discrets obéissant à des règles systématiques.

Par rapport à l'ingénierie en général, le génie logiciel possède quelques spécificités. Le logiciel est un objet virtuel, il n'existe que comme une configuration particulière d'un système de traitement automatisé de l'information. Par conséquent, il n'existe pas de phase de construction d'un logiciel. On distingue une phase de conception et une phase de mise en œuvre (*implementation*) mais la frontière entre les deux n'est pas stricte (comme, par exemple, entre la conception d'une automobile et sa construction en série). Par contre, le logiciel nécessite d'être installé au sein d'un système d'exploitation, ce qui peut apporter des défaillances supplémentaires.

Il n'y a pas non plus de maintenance dans le sens de l'entretien ou du remplacement des pièces d'usures. En revanche, il y a beaucoup de maintenance dans le sens de corrections de défaut de conception, d'implémentation ou d'installation sur des systèmes en production (c'est une part importante d'un budget typique de logiciel). En fait, la correction des erreurs de conception est de plus en plus coûteuse à mesure qu'elle se fait tard dans le cycle du logiciel.

Ce que l'on appelle conception est l'ensemble des choix à effectuer pour obtenir l'architecture du logiciel (structure globale du logiciel, représentation des données et des algorithmes) en vue de satisfaire un cahier des charges. La mise en œuvre est la réalisation de l'architecture dans un système effectif. La frontière entre conception et mise en œuvre n'est pas stricte car il y a souvent encore des choix à réaliser pendant la mise en œuvre. Cela peut ne pas être le cas si la phase de conception est très approfondie, dans ce cas la mise en œuvre peut être faisable systématiquement voir automatiquement.

Le cahier des charges (*requirement*) est la description (la spécification) de ce que l'on attend d'un système. Il décrit les fonctions et calculs attendus, les données à traiter, l'interface voulue etc. Le cahier des charges ne doit pas spécifier les solutions que l'on souhaite mettre en œuvre, ni l'architecture voulue, c'est une forme commune de sur-spécification (ce qui peut induire des choix de conception prématurés).

La spécification d'un système peut aller plus loin et décrire les mécanismes internes du système et son architecture. C'est ce que l'on obtient quand le processus de conception est terminé.

Une défaillance ou une faute (*bug,failure,fault*) est un écart du système par rapport à sa spécification.

Un modèle est une représentation symbolique d'un système. Il permet d'étudier un système avant de le réaliser. Il est souvent plus abstrait que le véritable système, ce qui en facilite l'étude.

Un logiciel embarqué est un logiciel de contrôle embarqué dans un système physique. Dans ce cas, on distingue la boucle de contrôle suivante : environnement, senseurs, contrôle et effecteurs (qui ferment la boucle en agissant sur l'environnement).

Un système critique est un système pour lequel on ne permet pas la survenue de défaillances. En effet, une défaillance peut entraîner des pertes irrémédiables et graves : comme la perte d'informations, d'équipements ou même d'êtres humains. La gravité de cette perte dépend de la valeur que l'on lui attribue. Les systèmes critiques nécessitent donc l'utilisation de méthode de développement garantissant la fiabilité du système. Comme ces méthodes sont souvent considérées comme coûteuses, leur coût est mis en balance avec la valeur des pertes potentiellement provoquées par les défaillances (et avec la valeur du bénéfice apporté par le système).

Le génie informatique (et logiciel) est l'art de la conception et du développement de systèmes informatiques. Son noyau scientifique est formé par l'informatique (en tant que science), la logique mathématique et les mathématiques discrètes. L'application de ces sciences au génie logiciel dans le but d'obtenir des garanties de fiabilité est souvent dénommée « les méthodes formelles ». De la même manière que la mécanique des milieux continus permet de s'assurer qu'un pont pourra tenir la charge, les méthodes formelles s'attachent à construire des systèmes informatiques dont on peut garantir le bon fonctionnement.

Le qualificatif « formel »signifie qu'il y a une correspondance complète entre la syntaxe et la sémantique de la théorie logique et mathématique utilisées dans les modèles. Cela signifie aussi que les démonstrations obtenues peuvent se réduire en une succession d'étapes simples (vérifiables par un calcul) dont les règles sont universellement admises.

Au sein des méthodes formelles, on peut distinguer un ensemble d'activités différentes devant être conduites au fil du développement. Au début, il s'agit de spécifier ce que l'on attend du système. La première étape est donc souvent un cahier des charges écrit en langue naturelle, donc non-formel, mais écrit rigoureusement. La spécification doit ensuite être formalisée dans un modèle.

Un fois le modèle formel écrit, il convient de le valider. Il n'y a en effet aucune raison pour que le modèle ne contiennent pas d'erreurs ou d'incohérences par rapport à l'attente (forcément informelle) des demandeurs du système. Pour aider à la validation, on peut réaliser des animations du modèle et le valider sur des scénarios d'usage du système.

Il s'agit ensuite de démontrer que l'implémentation que l'on se propose de réaliser respecte sa spécification, c'est l'étape de la vérification. On peut distinguer deux cas de figure. L'implémentation est obtenue classiquement puis on la vérifie en considérant la sémantique du langage de programmation dans laquelle elle est écrite. Mais souvent on passe par un (ou plusieurs) modèle formel de l'implémentation que l'on utilise pour la vérification et la conception. On peut ensuite synthétiser le code source à partir du modèle. Dans ce cas on parle de méthode de développement « correcte par construction »puisqu'il n'est pas nécessaire de vérifier le code source obtenu. Les modèles ont l'avantage sur les codes sources d'être exprimés dans un langage spécialisé pour les tâches des méthodes formelles. Cela permet aussi de structurer les modèles et de rationaliser leur étude.

Il y a deux grandes catégories de méthodes pour obtenir une démonstration formelle : le *model-checking* et la démonstration automatique ou interactive.

On peut aussi utiliser des tests unitaires et des simulations qui sont une forme non-exhaustive de vérification (donc non-formelle sauf pour les systèmes très simples).

Il s'agit bien faire la distinction entre la validation et la vérification. La vérification peut être une démonstration formelle tandis que la validation est une relation entre des exigences détenues par des humains et un modèle rigoureux ou formel. Ce sont deux choses bien distinctes et toutes les deux incontournables.

La relation entre le modèle de la spécification d'un système et le modèle de son implémentation peut être formalisée par la notion de raffinement. Si un modèle (dit concret) raffine un autre modèle (dit abstrait), cela signifie que le modèle concret respecte le comportement du modèle abstrait. Cela peut être utilisé pour introduire la démonstration qu'une implémentation respecte bien une spécification. Le raffinement peut aussi être utilisé pour conduire une approche incrémentale dans un développement prouvé. Dans ce cas, on considère une suite de raffinements, chaque modèle étant de plus en plus détaillé jusqu'à arriver au niveau de détails voulu.

Il existe un grand nombre de méthodes (ou de langages, logiques, théories, etc) pour mener des développements formels. Dans cette thèse, nous utiliserons comme support la méthode B, dans sa version évènementielle. La logique mathématique utilisée est la logique classique du premier ordre, elle est utilisée en conjonction avec la théorie des ensembles. Cette méthode formelle nous permet d'écrire des modèles de systèmes dynamiques (matériels ou logiciels). La partie du modèle concernant le comportement dynamique est formée d'un ensemble d'évènements pouvant modifier la valeur des variables (c'est l'action de l'évènement) sous certaines conditions (c'est la garde de l'évènement). Le modèle comporte un invariant qui spécifie les valeurs admises par les variables du modèle (c'est l'état du système). La cohérence entre l'invariant et les évènements est vérifiée par une démonstration mécanisée. Enfin, on utilise la relation de raffinement entre modèles : cela permet de passer d'une version abstraite à une version plus concrète du modèle. Cette relation de raffinement doit être démontrée, ce qui établit que le modèle concret possède un comportement plus spécialisé qui respecte le comportement du modèle abstrait. Comme le comportement abstrait est respecté dans le modèle concret, les invariants du modèle abstrait sont aussi valables dans le modèle concret. Cela permet de démontrer des propriétés sur les systèmes les plus abstraits possibles pour ensuite ajouter des détails et d'autres propriétés. Ainsi, les démonstrations se manient plus efficacement au fur et à mesure des raffinements des modèles. Ce fait est très important car il nous permet d'utiliser une approche incrémentale pour réussir les démonstrations formelles qui sont par nature délicates et très détaillées.

1.1 Systèmes temps-réel et temporisés

Les systèmes temps-réel sont des systèmes dont les temps de calcul doivent être bornés par une valeur donnée. Cette valeur est imposée par l'application que doit réaliser le système et fait partie du cahier des charges à mettre en œuvre. On distingue le temps-réel dur (*hard realtime*) quand le respect de ces bornes est critique, le temps-réel est dit souple (*soft realtime*) dans le cas contraire. Les problématiques de temps-réel durs sont typiquement trouvés dans des contrôleurs de machines mécaniques comme le *X-by-wire* en automobile (contrôle informatique des freins, de la direction ou gestion du moteur), dans les aéroplanes, les transports guidés etc. Quand au temps-réel souple, il trouve beaucoup d'applications dans les systèmes audio et vidéo. On utilise le qualificatif temps-réel quand on considère des exigences qualitatives sur la réactivité du système. La plupart des systèmes temps-réel sont des contrôleurs devant assurer un bon temps de réaction entre l'action et la réaction du contrôle. Par exemple, une barrière de passage à niveau doit avoir terminé de se fermer avant le passage d'un train.

Plus généralement, on utilise le qualificatif « temporel »pour distinguer des modèles ou des théories qui possèdent des propriétés relatives au passage du temps. Ceci peut se faire de deux façons : qualitativement ou quantitativement. Les arguments temporels qualitatifs sont typiquement « le système sera dans cet état à un moment donné ». Quant aux arguments temporels quantitatifs : « dans 10 unités de temps, le système sera dans cet état ». Dans ce document, nous nous intéresserons uniquement aux propriétés temporelles quantitatives, le terme « temporel »utilisé seul y fera donc directement référence.

Il faut bien distinguer les qualificatifs « temporel »et « temps-réel » : des systèmes temps-réel peuvent ne pas exhiber de mécanismes internes temporels tandis que des systèmes temporels peuvent ne pas avoir de contraintes temps-réel mais seulement utiliser des mécanismes temporels de manière interne.

On peut ainsi distinguer les systèmes qui sont intrinsèquement temporels (comme par exemple un *pacemaker*) des systèmes qui réalisent une fonction non temporelle en utilisant des mécanismes internes temporels (par exemple, certains protocoles réseaux dépendent de mécanismes sensibles au temps pour en assurer la synchronisation).

On peut trouver dans les méthodes formelles une gradation sur le degré de précision par rapport au déroulement des systèmes dans le temps : depuis une méthode non-temporelle, puis aux méthodes temporelles qualitatives, pour finir avec les méthodes temporelles quantitatives.

Mis à part les systèmes temps-réel, où l'on considère le temps de calcul quantitativement, la plupart des systèmes qui requièrent une analyse temporelle quantitative sont des systèmes distribués. En effet, les propriétés temporelles quantitatives ne sont le plus souvent utiles que si l'on s'intéresse à un ensemble de systèmes fonctionnant de manière concurrente, parallèle ou distribuée. Dans ce cadre, les systèmes sensibles au temps permettent d'assurer une synchronisation entre les entités concurrentes.

Quand aux systèmes temps-réel, ils sont souvent multi-tâches, la plupart des contrôleurs temps-réel doivent assurer un ensemble de tâches simultanément (classiquement avec un matériel mono-processeur), ce qui demande un ordonnancement garantissant les délais sur toutes les tâches.

1.2 Objectifs et apports de la thèse

1.2.1 Objectifs

Les systèmes que la communauté des méthodes formelles étudie peuvent appartenir à des classes très différentes. Par exemple, nous pouvons nous intéresser aux systèmes parallèles, distribués, temps-réel etc. Chacune de ces classes de systèmes possède des propriétés ou des contraintes qui peuvent être spécifiques. Les étudier demande donc une expertise et des outils spécifiques. Mais il est aussi possible de considérer l'usage d'une méthode non spécifique suffisamment expressive pour travailler sur les particularités de différentes classes.

En dehors de l'avantage de réutiliser au mieux des outils théoriques et pratiques, le principal apport est d'être capable de travailler sur des systèmes présentant en même temps les caractéristiques de plusieurs classes différentes. Un inconvénient potentiel est évidemment qu'une méthode généraliste pourrait être moins performante qu'une méthode spécialisée. Mais, il est rare qu'un utilisateur de méthodes formelles ait uniquement à étudier un problème temps-réel. En effet, les problèmes avec des aspects temps-réel peuvent survenir au sein d'un système plus grand où ils risquent d'être mêlés à d'autres aspects que temporels.

Dans ce contexte, notre but est de pouvoir travailler sur des aspects temporels quantitatifs avec la méthode « B-évènementielle »(*Event-B method*). Il va de soi que les résultats sont transposables à une autre notation, à partir du moment où celle-ci est suffisamment proche et expressive. L'impulsion initiale est venue d'une étude de cas d'un système distribué utilisant un mécanisme temporel dans son processus final. Il s'agit du protocole d'élection d'un *leader* de la norme *FireWire* (chapitre 5). L'étude de ce protocole a été réalisée [6, 8] en B-évènementiel, à l'exclusion de la partie temporelle.

C'est pourquoi nous avons trouvé intéressant d'étudier :

– comment considérer les propriétés et contraintes de temps au sein de la méthode B-évènementielle, qui a déjà montré son efficacité dans un cadre général, mais qui ne dispose pas de concepts spécifiques pour le temporel ;
– l'introduction des contraintes de temps par le raffinement pour respecter la philosophie de la méthode B ;
– de systématiser cette approche par la formalisation de patrons
– l'application mécanisée des patrons par un logiciel *plugin* de l'outil de modélisation.

1.2.2 Apports de la thèse

Le premier apport de le thèse est de proposer une approche pour introduire un encodage explicite des aspects temporels dans les modèles B-évènementiels. La revue de l'état de l'art (chapitre 3) permet de situer les propositions par rapport aux différents travaux existants. Certains éléments de nos propositions se retrouvent dans des travaux existants, mais seulement au niveau du concept : les fondements différents des autres langages ou théories entraînant des choix et des expressions différentes.

Après un travail exploratoire sur différentes modélisations du temps, nous avons retenu deux propositions (chapitre 4). La première, présentée sous le nom d'agenda, permet une association forte entre les évènements du modèle et des contraintes temporelles. Cette première proposition existe en deux versions, selon que l'on souhaite utiliser des méthodes de preuves ou de *model-checking*. La deuxième, présentée sous le nom de chronomètre, permet une décomposition plus fine des contraintes temporelles liées aux évènements. Ces trois modélisations du temps, modélisent explicitement la progression du temps dans un évènement du modèle, permettent de contraindre temporellement le déroulement du système et de démontrer des propriétés temporelles. Le patron d'agenda permet de lier le déclenchement des évènements à des valeurs temporelles tandis que le patron de chronomètre utilise des compteurs pour quantifier la progression du temps et le déroulement du système.

Une des caractéristiques fondamentales de la méthode B est l'utilisation du raffinement. Nous avons pris soin d'étudier comment l'analyse des propriétés temporelles d'un système peut se marier avec les méthodes mises en œuvre par le raffinement. Nous avons ainsi montré, lors de nos études de cas, qu'il était possible de développer de nombreux aspects des systèmes en commençant par des abstractions non temporelles et en introduisant les aspects temporels dans les raffinements ultimes. En effet, les propriétés temporelles quantitatives introduisent nécessairement beaucoup de détails précis sur le système. Introduire ces aspects dès le début du développement nuit à l'expression abstraite et incrémentale du système. De plus, les modèles introduisant beaucoup d'éléments en une seule fois génèrent des démonstrations difficiles à traiter par les prouveurs automatiques. L'introduction des aspects temporels par le raffinement permet donc de conserver l'approche prônée par la méthode B. C'est-à-dire d'utiliser le raffinement pour expliquer progressivement le système à partir d'une abstraction, pour valider progressivement le système et pour distribuer la difficulté de la preuve en plusieurs étapes.

Nous proposons aussi d'utiliser des patrons de conception qui permettent de capitaliser et de communiquer l'expérience gagnée lors des développements. Appliqués au développement prouvé de système, ils permettent de propager des bonnes pratiques de modélisation et de raffinement. Nous avons voulu suivre cette approche, ce qui nous permet de proposer des patrons de raffinement pour introduire des aspects temporels dans les modèles. Nos modélisations du temps sont donc proposés sous la forme de patron à ré-appliquer.

Aucun travail systématique ne peut être mené sans expérimentation, nous avons ainsi appliqué nos propositions sur deux études de cas (chapitre 5 et 6). Ce sont toutes les deux des algorithmes distribués où le temps joue un rôle crucial dans le bon déroulement des algorithmes. Ces deux études nous ont aussi aidé à la conception des patrons et la systématisation de leurs utilisations.

Enfin, grâce à la systématisation rendue possible par les patrons de raffinements, nous avons exploré la mécanisation de l'application des patrons (chapitre 7). Il est en effet possible de proposer à l'utilisateur une vue du modèle augmentée par des annotations spécifiques à un patron et d'utiliser ensuite ces éléments pour appliquer automatiquement le patron sur le modèle étudié.

1.3 Publications en rapport avec la thèse

La plupart de ces articles sont disponibles sur l'archive ouverte HAL[1].

Journaux internationaux avec comité de lecture
- Joris Rehm. Proved Development of the Real-Time Properties of the IEEE 1394 Root Contention Protocol with the Event B Method. Dans *International Journal on Software Tools for Technology Transfer (STTT)*, 16 pages à paraître.

Conférences internationales avec comité de lecture et acte
- Dominique Cansell, Dominique Méry, et Joris Rehm. Time constraint patterns for event B development. Dans *B 2007 : Formal Specification and Development in B*, volume 4355/2006, pages 140–154. Springer, Janvier 17-19 2007.

Ateliers internationaux avec comité de lecture et acte
- Joris Rehm et Dominique Cansell. Proved Development of the Real-Time Properties of the IEEE 1394 Root Contention Protocol with the Event B Method. Dans Frederic Boniol, Yamine Aït Ameur et Virginie Wiels, éditeurs, *RNTI ISoLA 2007 Workshop On Leveraging Applications of Formal Methods, Verification and Validation*, volume RNTI-SM-1, pages 179–190, Poitiers-Futuroscope France, décembre 2007. Cépaduès.

Ateliers internationaux avec comité de lecture
- Joris Rehm. Pattern Based Integration of Time applied to the 2-Slots Simpson Algorithm. Dans *Integration of Model-based Formal Methods and Tools - IM_FMT'2009 - in IFM'2009*, Düsseldorf Allemagne, février 2009.
- Joris Rehm. A Duration Pattern for Event-B Method. Dans *2nd Junior Researcher Workshop on Real-Time Computing - JRWRTC 2008*, pages 41–44, Rennes France, octobre 2008.
- Joris Rehm. A method to refine time constraints in event B framework. Dans Stephan Merz et Tobias Nipkow, éditeurs, *Automatic Verification of Critical Systems - AVoCS 2006 Automatic Verification of Critical Systems*, pages 173–177, Nancy/France, septembre 2006.

Ateliers internationaux avec sélection sur résumé
- Joris Rehm. A Rodin Plugin for Quantitative Timed Models. *Rodin User and Developer Workshop*, Southampton United Kingdom, juillet 2009.

Rapports et livrables
- Joris Rehm. From Absolute-Timer to Relative-Countdown : Patterns for Model-Checking. *Rapport interne hal-00319104*, 2008.
- Joris Rehm. Livrable 2 Intégration des contraintes temps réel au sein d'un processus de développement incrémental basé sur la preuve. *Livrable du projet de l'ANR RIMEL ANR-06-SETIN-015*, 2008.
- Joris Rehm. Contraintes temporelles dans les modèles évènementiels. Mémoire de master, Université Nancy 2, 2006.

---

[1]http://hal.archives-ouvertes.fr/aut/Joris+Rehm/

Chapitre 2

Méthode B évènementielle

2.1 Introduction

Historiquement, la méthode B dite évènementielle [3, 9] est issue de la méthode B dite classique telle qu'elle est définie dans le B-Book [2]. Dans ce travail, nous nous consacrons exclusivement à la méthode B évènementielle, par conséquent et sauf mention contraire les termes "méthode B" ou "modèle B" se référeront à la saveur évènementielle de la méthode. Il est à noter que la logique et sa théorie mathématique sont les mêmes dans les deux cas.

Les objets étudiés par la méthode B évènementielle sont les systèmes dynamiques discrets. Cela peut être, par exemple, un ordinateur en train d'appliquer une suite d'instructions, des appareils électroniques communiquant entre eux ou bien même des individus se déplaçant dans un bâtiment comportant des zones avec contrôle d'accès.

Formellement il s'agit de système de transitions, et nous donnons une telle interprétation des modèles B dans la section 2.6. Intuitivement, un modèle B évènementiel établit une simulation mathématique formelle de l'ensemble d'un système (ce qui inclut souvent son environnement). Tout se passe comme si on se plaçait dans la peau d'un observateur extérieur qui observe comment le système évolue et sous quelles conditions, l'observateur n'agit jamais sur le système. Les aspects dynamiques sont capturés par la notion d'évènement, la « garde » de l'évènement donne une condition pour que le système applique l'« action » de l'évènement sur les variables du modèle. Les actions sont décrites par l'application parallèle et atomique de substitutions. Les substitutions sont définies dans la section 2.3.2 et les évènements dans la section 2.3.1.

Le modèle comporte des variables dont la valeur exprime l'état du système. Les évènements font varier la valeur des variables et ces valeurs sont caractérisées par un prédicat sur les variables du modèle que l'on appelle un « invariant ». Cet invariant spécifie les propriétés du système qui seront toujours valables durant son évolution. L'invariant est démontré par induction, pour cela on doit démontrer une obligation de preuve d'invariance définie dans la section 2.5.4.

La méthode B se caractérise par un usage intensif de la relation de raffinement entre les modèles. Cette relation permet de spécifier qu'un modèle « concret »respecte le comportement d'un modèle « abstrait ». Pour vérifier cette relation, il faut démontrer les obligations de preuve de raffinement (section 2.5.6) pour tous les évènements. Si cette relation de raffinement est bien vérifiée, le modèle concret hérite de l'invariant du modèle abstrait.

L'idée étant que, parmi les propriétés que l'on veut démontrer sur les systèmes, certaines sont très générales (souvent les plus importantes et les plus compliquées) et d'autres tiennent plus du détail (mais le moindre détail peut provoquer un *bug*). Quand le système est décrit avec tous les détails, il est compliqué de démontrer des propriétés générales à partir de ces éléments. Nous allons donc simplifier ce modèle en écrivant un modèle plus abstrait qui ne prend en compte que certains comportements globaux. De plus, ce modèle permet de valider le comportement du système car les modèles abstraits sont plus lisibles.

Ensuite, un modèle plus concret est dérivé du modèle abstrait en introduisant les détails ou éléments qui étaient précédemment ignorés. Une fois le raffinement démontré, l'invariant abstrait est aussi valable dans le modèle plus concret, et ainsi de suite dans toute la suite de modèles ainsi formée par la relation de raffinement.

Cette méthode permet donc de remplacer une grosse preuve d'invariant par plusieurs preuves d'invariant plus petites, intercalées avec des preuves de raffinement.

Cela permet aussi d'appliquer une méthode de développement formelle dirigé par des modèles (*Model Driven Development*) et descendante (*top-down*) qui consiste à commencer en spécifiant les propriétés attendues provenant du cahier des charges, puis à introduire étape par étape ses éléments constitutifs. Chaque étape étant un raffinement, cela permet de vérifier (prouver) et de valider le système de manière incrémentale. Une fois que la suite de modèles est arrivée à un niveau proche de l'implémentation, on peut se servir de l'ultime modèle pour synthétiser le code source du système. On parle ainsi de développement « correct par construction », puisque quand on a terminé de construire le système, celui-ci est déjà vérifié.

Tous les éléments que l'on a décrits jusqu'ici se placent dans un type de modèle appelé « machine »qui contient la spécification du système dynamique. Des éléments non dynamiques, comme des constantes ou des théories mathématiques, peuvent être spécifiés dans un type de modèle appelé « contexte ». Le contexte peut contenir des définitions d'ensembles porteurs, des constantes, des axiomes caractérisant les constantes et des propriétés que l'on démontre, voir la section 2.5.2.

Il existe différents outils logiciels pour appliquer la méthode. Historiquement, l'outil le plus connu est AtelierB de la société s'appelant maintenant ClearSy. Cet outil tire son origine du projet Météor (un métro automatique) qui a été un projet industriel fondateur pour la méthode B.

Un projet européen nommé Rodin s'est déroulé récemment et a produit un atelier du même nom qui est spécialisé dans le B évènementiel. Il s'agit d'un ensemble de greffons (plugin) pour l'atelier logiciel Eclipse. Un nouveau prouveur, appelé NewPP, a été développé dans ce projet, il est aussi possible d'utiliser les prouveurs de l'AtelierB.

Dans ce travail, nous avons commencé en utilisant la suite de prouveurs B4Free (qui is une mise à disposition gratuite des prouveurs de l'AtelierB) avec l'interface Click&Prove. Nous avons ensuite utilisé Rodin toujours avec les prouveurs provenant de l'AtelierB.

2.2 Logique et théorie des ensembles

Dans cette section, nous rappelons le formalisme qui sous-tend la méthode B, des références plus complètes sont données en fin de section.

En tant que méthode formelle, le B nous propose d'utiliser la logique classique du premier ordre. Nous allons supposer que le lecteur est familier avec cette logique. Les symboles utilisés sont les suivants :

$$\top \text{ vrai}$$
$$\bot \text{ faux}$$
$$P \wedge Q \text{ conjonction}$$
$$P \vee Q \text{ disjonction}$$
$$\neg P \text{ négation}$$
$$P \Rightarrow Q \text{ implication}$$
$$P \Leftrightarrow Q \text{ équivalence}$$
$$\forall x_1, x_2, \cdots, x_n \cdot P(x_1, x_2, \cdots, x_n) \text{ quantification universelle}$$
$$\exists x_1, x_2, \cdots, x_n \cdot P(x_1, x_2, \cdots, x_n) \text{ quantification existentielle}$$

Dans ce document, les opérateurs ont pour priorité (dans l'ordre décroissant) : $\{\neg\} > \{\wedge, \vee\} > \{\Rightarrow, \Leftrightarrow\} > \{\forall, \exists\}$. Ce n'est pas forcément le cas dans les outils logiciels.

2.2.1 Axiomes de la théorie des ensembles

En pratique, une logique n'est guère utile si on ne lui associe pas une théorie (par exemple, la théorie de l'égalité, des fonctions non-interprétées, l'arithmétique, etc)

La méthode B (tant évènementielle que classique) propose d'utiliser la théorie des ensembles de Zermelo-Frankel avec l'axiome du choix (ZFC).

Les six axiomes sont :

$$x \mapsto y \in s \times t \Leftrightarrow (x \in s \wedge y \in t) \tag{2.1}$$
$$s \in \mathbb{P}(t) \Leftrightarrow (\forall x \cdot x \in s \Rightarrow x \in t) \tag{2.2}$$
$$s \in \{x | x \in E \wedge P(x)\} \Leftrightarrow (s \in E \wedge P(s)) \tag{2.3}$$
$$(\forall x \cdot x \in s \Leftrightarrow x \in t) \Rightarrow s = t \tag{2.4}$$
$$(\exists x \cdot x \in s) \Rightarrow \text{choice}(s) \in s \tag{2.5}$$
$$\text{infinite(BIG)} \tag{2.6}$$

Les trois premiers axiomes définissent ce que signifie appartenir à un produit cartésien (2.1) ; à l'ensemble des parties (2.2) et à un ensemble par compréhension (2.3) ($P(s)$ signifie remplacer les occurrences libres de x par s dans $P(x)$). À chaque utilisation du schéma de l'ensemble par compréhension (aussi appelé ensemble par sélection) on doit exhiber un ensemble (dans cette section E) dans lequel sont pris les éléments sélectionnés. Ceci évite des paradoxes pouvant survenir dans la théorie des ensembles. L'axiome d'extensionalité (2.4) stipule que deux ensembles avec les même éléments sont égaux. L'axiome du choix (2.5) permet de distinguer un élément d'un ensemble non vide. Et enfin l'axiome (2.6) postule l'existence d'un ensemble porteur infini.

Nous allons utiliser en abondance des variables, il faut bien évidemment prendre garde aux problèmes de nommage inhérent aux variables libres et liées. Les références données couvrent en détail ce point.

Notons que dans ce document les couples seront notés sous la forme

$$x \mapsto y$$

et non pas (x, y).

2.2.2 Notations

Les axiomes définissent notamment les couples et le produit cartésien (2.1) ; l'ensemble des parties (2.2) et les définitions d'ensemble par compréhension (2.3). Cela sera les trois premières briques de base de notre langage et nous pouvons le compléter avec les notations de bases suivantes :

$$s \subseteq t \Leftrightarrow (s \in \mathbb{P}(t)) \tag{2.7}$$
$$s \subset t \Leftrightarrow (s \subseteq t \wedge s \neq t) \tag{2.8}$$
$$s \cup t = \{a | a \in E \wedge (a \in s \vee a \in t)\} \tag{2.9}$$
$$s \cap t = \{a | a \in E \wedge (a \in s \wedge a \in t)\} \tag{2.10}$$
$$s \setminus t = \{a | a \in E \wedge (a \in s \wedge a \notin t)\} \tag{2.11}$$
$$\varnothing = BIG \setminus BIG \tag{2.12}$$
$$\mathbb{P}_1(s) = \mathbb{P}(s) \setminus \{\varnothing\} \tag{2.13}$$
$$\{x\} = \{a | a \in E \wedge x = a\} \tag{2.14}$$
$$\{x_1, x_2, \ldots, x_n\} = \{x_1\} \cup \{x_2, \ldots, x_n\} \tag{2.15}$$

Ce qui définit les notations ensemblistes usuelles comme
- l'inclusion (2.7) ;
- l'inclusion stricte (2.8) ;

- l'union (2.9);
- l'intersection (2.10);
- la différence d'ensemble (2.11);
- l'ensemble vide (2.12);
- l'ensemble des parties non vides (2.13);
- les singletons (2.14) et
- les ensembles énumérés (2.15).

Remarque : un opérateur barré est simplement la négation de l'opérateur.

Nous pouvons maintenant introduire les notations propres aux relations binaires :

$$s \leftrightarrow t = \mathbb{P}(s \times t) \tag{2.16}$$
$$\mathrm{dom}(r) = \{x | \exists y \cdot x \mapsto y \in r\} \tag{2.17}$$
$$\mathrm{ran}(r) = \{y | \exists x \cdot x \mapsto y \in r\} \tag{2.18}$$
$$\mathrm{id}(s) = \{x \mapsto x | x \in s\} \tag{2.19}$$
$$r^{-1} = \{y \mapsto x | x \mapsto y \in r\} \tag{2.20}$$
$$r[s] = \{y | \exists x \cdot x \in s \land x \mapsto y \in r\} \tag{2.21}$$
$$r; q = q \circ r = \{x \mapsto z | \exists y \cdot x \mapsto y \in r \land y \mapsto z \in q\} \tag{2.22}$$

Les ensembles de couples définissent les relations binaires (2.16). À partir de là, nous avons les concepts usuels sur les relations comme
- le domaine (2.17);
- le codomaine (l'ensemble d'arrivé) (2.18);
- la relation identitée (2.19);
- la relation réciproque (2.20);
- l'image (2.21) d'un ensemble par une relation;
- et la composition (2.22).

Les relations r et q sont prises dans $s \leftrightarrow t$ et $t \leftrightarrow u$ respectivement. On peut remarquer que nous omettons de donner l'ensemble porteur E dans certaines définitions par compréhension quand il peut être facilement déduit à partir des prédicats d'appartenance.

$$s \lhd r = \{x \mapsto y | x \mapsto y \in r \land x \in s\} \tag{2.23}$$
$$s \lhd\!\!\!- r = \{x \mapsto y | x \mapsto y \in r \land x \notin s\} \tag{2.24}$$
$$r \rhd t = \{x \mapsto y | x \mapsto y \in r \land y \in t\} \tag{2.25}$$
$$r \rhd\!\!\!- t = \{x \mapsto y | x \mapsto y \in r \land y \notin t\} \tag{2.26}$$
$$r \lhd\!\!+ p = (\mathrm{dom}(p) \lhd\!\!\!- r) \cup p \tag{2.27}$$

Nous avons ensuite quatre opérateurs pour restreindre les relations :
- la restriction (2.23) sur le domaine;
- l'anti-restriction (2.24) pour enlever des éléments du domaine;
- la corestriction (2.25) qui est un restriction sur le codomaine;
- et l'anti-corestriction (2.26) pour enlever des éléments du codomaine.

La surcharge (2.27) permet d'obtenir une relation $r \lhd\!\!+ p$ à partir de deux autres relations r et p. Les valeurs de cette nouvelle relation sont égales à celles de p sur le domaine de p. Dans le domaine de r soustrait de celui de p on garde les valeurs de r. Ce qui sera particulièrement utile pour modifier seulement un sous-ensemble d'une relation (ou d'une fonction).

Les fonctions sont considérées comme des relations particulières :

$$s \rightarrow\!\!\!\!\rightarrow t = \{r | r \in s \leftrightarrow t \land (r^{-1}; r) \subseteq \mathrm{id}(t)\} \tag{2.28}$$
$$f \in s \rightarrow\!\!\!\!\rightarrow t \land x \in \mathrm{dom}(f) \Rightarrow f(x) = choice(f[\{x\}]) \tag{2.29}$$

Une fonction f (partielle) (2.28) est une relation pour laquelle $f[\{x\}]$ est un singleton, pour x un élément du domaine de f. La deuxième condition $(r^{-1}; r) \subseteq \mathrm{id}(t)$ de (2.28) équivaut en fait à :

$$\forall x, y_1, y_2 \cdot x \mapsto y_1 \in f \wedge x \mapsto y_2 \in f \Rightarrow y_1 = y_2$$

Si f est bien une fonction et que x est dans son domaine, on a le droit d'appliquer la fonction f à l'argument x (2.29).

Pour terminer avec les notations, on peut introduire divers types de fonction :

$$s \rightarrowtail t = \{f \mid f \in s \nrightarrow t \wedge f^{-1} \in t \nrightarrow s\} \tag{2.30}$$
$$s \nrightarrow\!\!\!\rightarrow t = \{f \mid f \in s \nrightarrow t \wedge \mathrm{ran}(f) = t\} \tag{2.31}$$
$$s \rightarrow t = \{f \mid f \in s \nrightarrow t \wedge \mathrm{dom}(f) = s\} \tag{2.32}$$
$$s \rightarrowtail t = s \rightarrowtail t \cap s \rightarrow t \tag{2.33}$$
$$s \rightarrow\!\!\!\rightarrow t = s \nrightarrow\!\!\!\rightarrow t \cap s \rightarrow t \tag{2.34}$$
$$s \rightarrowtail\!\!\!\rightarrow t = s \rightarrowtail t \cap s \rightarrow\!\!\!\rightarrow t \tag{2.35}$$

Ce qui nous donne les fonctions :
- injective (2.30) ;
- surjective (2.31) ;
- totale (application) (2.32) ;
- totale injective (2.33) ;
- totale surjective (2.34) ;
- et totale bijective (2.35).

On pourra remarquer que les symboles des fonctions partielles ont une barre verticale au milieu de leur flèche ; que l'on rajoute un chevron à gauche pour les injections et que l'on rajoute un chevron à droite pour les surjections.

Il reste encore des opérateurs ensemblistes disponibles dans le formalisme mais nous n'en ferons pas usage dans ce document et nous ne les présenterons donc pas.

Par contre, une théorie de l'arithmétique entière est aussi disponible et nous allons l'utiliser. Les notations sont tout à fait classiques, il n'est donc pas nécessaire de les développer.

Pour plus de détails, le lecteur est invité à se référer au *B-Book*[2]. Il est à noter que nous n'avons pas discuté la syntaxe. Sur ce sujet il faut retenir que les opérateurs ensemblistes sont plus prioritaires que les opérateurs logiques, au sein de ces deux groupes le parenthèsage est utilisé de manière stricte. Nous allons nous permettre de remplacer parenthèsage par l'indentation des formules, ce qui en améliore grandement la lisibilité.

Le lecteur averti aura sûrement remarqué que le formalisme peut conduire à des expressions dépourvues de sens si une discipline de typage et d'analyse de bonne définition des expressions n'est pas appliquée. L'application de fonction est un exemple typique : pour chaque application $f(x)$ il faut vérifier que le type de x et du domaine de f est le même ; que x fait effectivement partie du domaine de définition et que f est effectivement une fonction (au moins en ce point, mais en général on le montre pour tout le domaine). Ce sujet a été traité dans [2, 17, 10] ainsi que dans la documentation des outils AtelierB et Rodin. En particulier, Rodin génère des obligations de preuve de bonne définition (*Well Definess* : WD) pour toutes les expressions.

2.3 Modèles B évènementiel

La forme d'un contexte est donnée ci-dessous.

```
CONTEXT cxt
SEE cxt₁, cxt₂, ···
SETS E₁, E₂, ···
CONSTANTS c₁, c₂, ···
AXIOMS
    A₁, A₂, ···
PROPERTIES
    T₁, T₂, ···
END
```

Les contextes permettent de spécifier des propriétés statiques. Un contexte peut étendre plusieurs autres contextes. On peut définir des ensembles porteurs et des constantes. Les constantes sont définies par des axiomes et à partir de ceux-ci, on peut démontrer des propriétés. Un contexte peut en étendre des autres. Les constantes sont des inconnues dont la valeur ne change pas au cours du déroulement du système étudié.

Voici ci-dessous la forme d'une machine.

```
MACHINE mch1
REFINES mch0
SEE cxt₁, cxt₂, ···
VARIABLES v₁, v₂, ···
INVARIANTS
    I₁, I₂, ···
THEOREMS
    T₁, T₂, ···
EVENTS
    E₁, E₂, ···
END
```

Les machines permettent de spécifier le comportement dynamique du système. Une machine peut en raffiner une autre. Plus précisément, le comportement dynamique est exprimé dans les évènements. Les évènements opèrent une substitution sur la valeur des variables. Les variables sont donc des inconnues dont la valeur change avec le déroulement du système. On peut démontrer par induction un invariant sur l'ensemble des valeurs prise par les variables. Les théorèmes sont eux prouvé à partir de l'invariant. Enfin une machine peut en raffiner une autre, ce que nous verrons plus en détail par la suite.

2.3.1 Évènement

Les évènements sont essentiellement composés d'une garde et d'une action (un ensemble de substitutions). Ils possèdent aussi des paramètres sous la forme d'une liste de variable (que nous qualifierons parfois de paramètres ou de variables locales à cet évènement)

Les mots-clés utilisés changent suivant que la forme de l'évènement est complète (paramètres, garde et substitution) ; gardée (garde et substitution) ou simple (substitution), comme on peut le voir ci-dessous.

```
E ≙                        E ≙                        E ≙
Any l₁, l₂, ···            When                       Begin
Where                          G₁, G₂, ···                S₁, S₂, ···
    G₁, G₂, ···           Then                       End
Then                           S₁, S₂, ···
    S₁, S₂, ···           End
End
```

Si la clause **Any** est vide il n'y a pas de paramètres. Si la clause **Where** (la garde) est vide cela équivaut à une garde toujours vraie. La garde est liste de prédicats exprimant les conditions nécessaier au déclenchement de l'évènement. Cette liste de prédicat s'interprète comme une conjonction. Si la clause **Then** (l'action) est vide cela équivaut à la substition *skip* qui ne change pas les valeurs des variables. L'action est composé de substitutions que nous définissons dans la section suivante.

Comme nous le verrons plus en détail par la suite, les évènements peuvent être raffinés. Dans ce cas, on rajoute le nom de l'évènement abstrait et éventuellement une liste de formules témoins (clause **With** pour *witness*), voir ci-dessous.

$EC \cong$
Refines EA
Any $l_1, l_2, \cdots$
Where
   $G_1, G_2, \cdots$
With
   $W_1, W_2, \cdots$
Then
   $S_1, S_2, \cdots$
End

A noter qu'il existe un évènement obligatoire nommé *initialisation* qui est toujours de la forme simple. Comme son nom l'indique, il permet d'initialiser le système. Il doit aussi respecter d'autres contraintes qui sont explicitées dans la suite.

2.3.2 Substitution généralisée

Nous avons vu que les évènements sont composés d'une liste de variables, d'une garde et d'une action. La liste des variables forme les paramètres de l'évènement, la garde est un prédicat décrivant les conditions nécessaires pour le déclenchement de l'évènement. L'action nous donne les changements opérés sur les variables. Ces changements sont décrits par une liste de substitutions (généralisées) dont l'application se fait en parallèle, le tout formant une action atomique.

Pour définir ces substitutions, on peut utiliser un prédicat d'une forme particulière appelé prédicat « avant-après »(AP, *Before-After* : BA). Ce prédicat décrit une transition des valeurs des variables et porte sur les valeurs avant et après cette transition. Les valeurs d'avant sont dénotées par le symbole de la variable et les valeurs d'après par le symbole des variables suivi d'un prime. En théorie, nous pourrions nous contenter d'écrire directement le prédicat AP, mais pour plus de facilité d'utilisation et de lisibilité on utilise des opérateurs dits de « substitution ». Le plus général de ces opérateurs utilise directement un prédicat AP sur un sous-ensemble des variables. Les deux autres opérateurs sont plus spécialisés et peuvent se définir suivant le premier. Enfin, le prédicat AP porte en fait sur l'évènement en entier, avec sa garde est les paramètres. Un évènement peut donc se définir un prédicat du premier ordre, c'est ce que nous allons expliciter ci-dessous.

Pour simplifier la notation, nous utiliserons abusivement les opérations ensemblistes sur les liste d'éléments syntaxiques (comme les variables). C'est-à-dire que nous noterons les listes de variables comme des ensembles. De plus nous pourrons faire référence à ces listes par une seule lettre.

Soit une liste de substitutions, avec v les variables et c les constantes et ensembles porteurs accessibles dans la machine incluant cet évènement et l les variables locales (paramètres) à ce même évènement. On définit les trois différents types de substitutions grâce à leur prédicat avant-après (AP, *Before-After* : BA).

Les substitutions généralisées de la forme

$$x :\mid P(c, l, v, x')$$

utilisent directement un prédicat AP sur la liste $x \subseteq v$ des variables recevant une nouvelle valeur par cette substitution.

Les substitutions ensemblistes donnent un moyen d'affecter un élément d'un ensemble à une variable. On en déduit une substitution généralisée :

$$\frac{x :\in s(c,l,v)}{x :\mid x' \in s(c,l,v)}$$

avec $x \in v$ et s un ensemble du même type que x.

Les substitutions simples ressemblent aux affectations des langages de programmation impératifs.

$$\frac{x := E(c,l,v)}{x :\mid x' = E(c,l,v)}$$

avec $x \in v$ et E une expression du même type que x.

Deux substitutions généralisée peuvent être fusionnées (avec $x \cap y = \varnothing$) :

$$\frac{\begin{array}{l} x :\mid P(c,l,v,x') \\ y :\mid Q(c,l,v,y') \end{array}}{x,y :\mid P(c,l,v,x') \wedge Q(c,l,v,y')}$$

Quand la liste de substitutions est réduite à une seule substitution généralisée $x :\mid P(c,l,v,x')$ on peut en déduire le prédicat avant-après $BA(c,v,v')$ de l'évènement complet. Pour cela il faut le compléter si $v \setminus x \neq \varnothing$. Implicitement, toutes les variables $v \setminus x$ non primées prennent une nouvelle valeur identique à l'ancienne. Le prédicat AP de l'action de l'évènement est donc :

$$BA(c,v,v') = \exists l \cdot G(c,l,v) \wedge P(c,l,v,x') \wedge (\forall y \cdot y \in v \setminus x \Rightarrow y = y')$$

Avec c les constantes définies dans les contextes accessibles, G la garde de l'évènement et v les variables de la machine. (Toujours en s'autorisant de considérer les listes de variables comme des ensembles, ce qui n'est pas autorisé en pratique dans le langage des modèles)

Ceci était dans le cas de l'évènement sous forme complète. Dans la forme gardée, il n'y a pas de paramètres nous obtenons donc la formule :

$$BA(c,v,v') = G(c,v) \wedge P(c,v,x') \wedge (\forall y \cdot y \in v \setminus x \Rightarrow y = y').$$

Pour la forme simple, il n'y pas de garde. On peut prendre la garde à vrai et simplifier. Ce qui donne :

$$BA(c,v,v') = P(c,v,x') \wedge (\forall y \cdot y \in v \setminus x \Rightarrow y = y').$$

On parle parfois de l'évènement « *skip* », il s'agit en fait d'un évènement avec une action et une garde vide. Toutes les nouvelles valeurs des variables sont donc identiques aux anciennes :

$$BA(v,v') = \forall x \cdot x \in v \Rightarrow x = x'.$$

2.4 Exemple : tri par sélection

Pour illustrer la méthode nous allons modéliser un algorithme bien connu : le tri par sélection. Comme cet algorithme est bien connu (des informaticiens), cela permettra de se concentrer sur les particularités de la méthode. Le tri manipulera directement les valeurs d'un tableau d'entiers (tri sur place). L'idée du raffinement est de modéliser le système par une approche descendante (*top-down*), chaque étape produit une nouvelle étape de raffinement c'est à dire une machine.

Mais avant toute chose, nous avons besoin d'une constante n pour dénoter le nombre d'éléments du tableau. Il suffit de la déclarer dans un contexte c0 :

```
CONTEXT c0
CONSTANTS n
AXIOMS
    axm1: n ∈ ℕ
END
```

Dans ce contexte, il n'y a pas de propriétés mais le cas échéant, il aurait fallu les démontrer à partir des axiomes des constantes.

Ensuite, nous avons besoin d'une variable f pour modéliser le tableau. Un tableau est une collection d'éléments (ici des entiers relatifs) indexés par un entier naturel. Nous allons donc utiliser une fonction des naturels vers les relatifs. Mais un des problèmes potentiels d'utilisation des tableaux est qu'ils sont définis pour un intervalle d'indice donné et utiliser le tableau en dehors de cet intervalle est une erreur. Pour modéliser cela, nous pouvons restreindre le domaine de définition de f à l'intervalle $1..n$. De plus, pour éviter d'avoir à gérer dans cet exemple le problème des valeurs en double (ou plus) dans le tableau nous prendrons f comme une injection. Finalement, tout ceci se retrouve dans l'invariant (de typage) inv1 de la machine m0.

```
MACHINE m0
SEE c0
VARIABLES f
INVARIANTS
  inv1: f ∈ 1 .. n ↣ ℤ
EVENTS
Initialisations ≙
  Begin
    act1: f :∈ 1 .. n ↣ ℤ
  End
tri ≙
  Begin
    act1: f : |f′ ∈ 1 .. n ↠ ran(f)∧
          (∀x, y·x ∈ 1 .. n ∧ y ∈ 1 .. n ∧ x ≤ y ⇒ f′(x) ≤ f′(y))
  End
END
```

Maintenant que la variable f en place, nous pouvons spécifier la partie évènements. L'initialisation est simple : elle donne une première valeur à f de manière non-déterministe parmi l'ensemble des fonctions injectives de $1..n$ dans $\mathbb{Z}$. Dit autrement, on prend un tableau au hasard (sans doublon de valeurs).

La première machine doit donner la spécification la plus abstraite du système. Ici, nous voulons un algorithme de tri, dans un premier temps nous n'avons pas besoin de considérer l'implémentation concrète. Nous allons donc seulement spécifier un évènement qui trie le tableau en une fois (*one-shoot event*). Et si nous raffinons correctement cette machine, nous serons assuré que le système réalise bien un tri sur f, pour cela il faudra démontrer les obligations de preuve de raffinement. Il faut aussi démontrer que l'invariant en est bien un, c'est-à-dire que la valeur $f′$ (la nouvelle valeur de f que définit la substitution de l'évènement tri) respecte aussi l'invariant, pour cela la démonstration pourra utiliser l'invariant sur la valeur f ainsi que les axiomes et propriétés des constantes.

Techniquement, le prédicat pour spécifier le tri sur $f′$ est classique, remarquons néanmoins la surjection de $f′$ sur le co-domaine de f pour spécifier que les éléments du tableau sont bien les mêmes avant et après le tri. Pour le tri en lui même, il suffit de spécifier que les nouvelles valeurs du tableau (de la fonction) sont triées. Nulle part on ne précise comment cette opération est réalisée, cela sera le rôle des modèles suivants. Remarquons que ce modèle pourrait être commun à n'importe quel algorithme de tri.

Maintenant que nous nous sommes assurés des propriétés de sûreté les plus fondamentales que doit respecter ce système, nous pouvons introduire un premier élément de l'implémentation. Comme le lecteur le sait sûrement, l'idée du tri (en ordre croissant) par sélection est de sélectionner le maximum (ou le minimum mais cela ne change pas fondamentalement notre propos) dans la partie non triée du tableau puis de le placer dans la partie triée. Pour cela, le maximum est échangé avec la valeur la plus à droite de la partie non-triée et la taille de la partie triée est augmentée de un. Dans notre cas, la partie non-triée est à gauche et la

```
MACHINE m1
REFINES m0
SEE c0
VARIABLES f1, i
INVARIANTS
  inv1: f1 ∈ 1 .. n ⤖ ran(f)
  inv2: ∀x, y·x ∈ i + 1 .. n ∧ y ∈ i + 1 .. n ∧ x ≤ y ⇒ f1(x) ≤ f1(y)
  inv3: ∀x, y·x ∈ 1 .. i ∧ y ∈ i + 1 .. n ⇒ f1(x) ≤ f1(y)
  inv4: i ∈ 0 .. n
EVENTS
Initialisations ≙
  With
    f': f' = f1'
  Begin
    act1: f1, i : |f1' ∈ 1 .. n ⤖ ℤ ∧ i' = n
  End
echanger ≙
  Any m
  Where
    grd1: i ≥ 1
    grd2: m ∈ 1 .. i
    grd3: ∀x·x ∈ 1 .. i ⇒ f1(m) ≥ f1(x)
  Then
    act1: i := i − 1
    act2: f1 := f1 ⩤ {m ↦ f1(i), i ↦ f1(m)}
  End
fin ≙
  Refines tri
  When
    grd1: i = 0
  With
    f: f = f1
  Then
    act1: skip
  End
END
```

partie triée à droite. La valeur maximum que nous avons échangée se retrouve donc au début de la partie triée. L'élément qui était précédemment à cet emplacement se retrouve dans la partie non-triée. Ceci étend correctement la partie triée puisque comme tous les éléments de la partie non triée sont plus petits que ceux de la partie triée, si on prend le maximum de la partie non triée c'est aussi le minimum de la partie triée.

Ainsi on commence par sélectionner le maximum du tableau et on le met au début du tableau. Ce maximum représente donc la partie triée du tableau. On déroule ensuite l'algorithme en sélectionnant au fur et à mesure les maximums de la partie non triée (qui diminue d'une entité à chaque itération) et en les ajoutant à la partie triée (qui est donc incrémentée à chaque itération)

La frontière entre les deux parties est délimitée par la variable i qui est initialisée à n et qui décroit de 1 à chaque étape. Toutes ces explications vont se retrouver écrites de manière formelle dans le modèle ci-dessous.

On peut remarquer les invariants inv2 et inv3 décrivant nos explications précédentes. Mais ces invariants sont écrits en fonction de $f1$ et non pas de f, pourquoi ? En fait un raffinement n'a pas le droit de modifier les variables de l'abstraction, ou plus exactement un raffinement doit respecter les modifications définies abstraitement sans en introduire de nouvelles ou en retirer. Donc pour introduire un nouveau comportement lors d'un raffinement, il faut procéder à un raffinement de données. Pour cela, on change le nom de la variable (ici f devient $f1$) et on indique dans l'invariant et dans les formules témoins sous quelles conditions la variables abstraite correspond à la variable concrète. Dans notre cas la variable $f1$ correspond à f pendant l'initialisation du système et quand le tableau a été entièrement trié (donc quand $i = 0$). Ceci est exprimé dans les formules témoins (*witness* dans la partie with des évènements) dans l'évènement initialisation et dans l'évènement fin (qui raffine l'évènement tri). Dans l'invariant inv1, il est aussi indiqué que les valeurs de f et $f1$ sont les mêmes (la fonction $f1$ prend ses valeurs dans le co-domaine de f), modulo l'ordre évidemment.

L'évènement « fin »est assez particulier puisque son action est la substitution skip, c'est à dire qu'il ne modifie par les variables de m1. On aurait aussi pu laisser la partie action vide. Mais il raffine l'évènement tri et stipule que à ce moment là $f = f1$, il s'ensuit que pour démontrer le raffinement il faut montrer que le comportement de tri est respecté sur $f1$ c'est à dire que $f1$ est trié. Cette manière d'introduire un évènement *one-shoot* puis de la raffiner permet d'imposer des propriétés sur le comportement du système (c'est à dire des prédicats avant-après). Cela fait partit de la méthode habituelle en B évènementiel. Démontrer le raffinement revient à démontrer que le modèle concret réalise bien un tri.

Le lien de raffinement avec la machine abstraite étant maintenant expliqué, considérons l'évènement « échanger »et les invariants inv2 et inv3. C'est en effet ici, dans un nouvel évènement, que l'on introduit les éléments que l'on souhaite étudier dans ce raffinement. Nous introduisons donc un évènement qui trouve le maximum de la partie non trié du tableau et l'échange avec l'élément $f1(i)$, et tout ceci en une seul action. Cette action est l'idée principale de l'algorithme, le fait de l'exprimer comme un changement atomique des variables nous permet de travailler sur l'idée principale sans se soucier de tous les détails de l'implémentation. Une implémentation ne peut pas réaliser ce genre d'opérations complexes en une fois, pour le programmer on est obligé de décomposer encore les actions en instructions plus détaillées. Écrire une spécification plus abstraite permet de simplifier la démonstration de l'invariant.

Évidemment, ce modèle pourrait encore être raffiné, en particulier pour détailler la recherche du maximum par un parcours. Le lecteur pourrait facilement réaliser ce raffinement. Il s'agit en fait de considérer l'évènement « échanger »comme un évènement *on-shoot* et de le détailler en suivant la même méthode que nous avons suivi pour raffiner l'évènement tri (pour plus de détail sur cette méthode et cet exemple voir [19]). Pour cet algorithme, on pourrait par exemple ajouter une variable j pour parcourir la partie non trié du tableau et ajouter une variable im pour stocker l'indice du maximum que l'on trouve pendant ce parcours. Il faudrait aussi un nouvel évènement pour avancer dans le parcours quand l'élément $f(j)$ n'est pas un nouveau maximum et un nouvel évènement pour avancer quand $f(j)$ est un maximum. Dans ce cas l'évènement « échanger »serait raffiné quand la variable j aurait parcouru tout l'intervalle ou l'on cherche le maximum.

Il faut noter que dans ce raffinement les invariants sur $f1$ sont prouvés une fois par toutes et peuvent être réutilisés dans les preuves. Pour cela il faut évidemment que les raffinements ultérieurs soit démontrés, ici cela est relativement simple puisque nous n'aurions plus besoin de faire de raffinement de données sur $f1$ car toutes les opérations de l'algorithme sur le tableau ont déjà été exprimées dans le niveau de raffinement m1 (c'est à dire qu'on peut garder la variable $f1$ jusqu'à la fin). Dans d'autre système moins triviaux l'idée du raffinement est qu'il est plus facile de faire les preuves d'invariant sur un modèle le plus abstrait possible et d'ensuite faire une preuve de raffinement plutôt que de faire directement la preuve d'invariance dans un modèle concret qui est souvent plus complexe à analyser. Ce qui permet d'avoir une approche incrémentale dans l'étude de systèmes.

Si on répète cette méthode de raffinement, on peut arriver à une machine très proche d'un code source de programmation avec des évènements simples et déterministes. Il est important de noter que, arrivé à un niveau proche du code, il est parfois nécessaire d'introduire une variable (équivalente au *program counter* des processeurs) pour explicitement encoder le comportement des structures de contrôle (comme les conditionnels, les boucles, ...).

21

2.5 Obligations de preuves

La vérification des modèles passe par le déchargement d'obligations de preuve (*Proof Obligation* - PO). Une obligation de preuve (on devrait plutôt parler d'obligation de démonstration) est un prédicat dont on doit fournir une démonstration pour vérifier un critère de correction sur le modèle.

Il existe plusieurs types de critère de correction et donc plusieurs types d'obligation de preuves que nous allons détailler ci-dessous.

2.5.1 Bonne définition des expressions

Comme nous l'avons déjà remarqué lors de la définition des notations, les expressions de la théorie des ensembles peuvent comporter des expressions dépourvues de sens. Et dans le cadre des méthodes formelles, on doit pouvoir vérifier de manière systématique que ceci n'arrive pas.

Pour cela, des modèles sont typés de manière automatique, ce qui peut déjà générer des obligations de preuve car les types les plus évolués, comme les fonctions, ne sont pas toujours décidables automatiquement. De plus certaines constructions demandent de vérifier des conditions particulières pour leur utilisation. Citons notamment l'application de fonction (l'argument doit être dans le domaine), la division arithmétique (diviser par zéro est incorrect) ou le maximum d'un ensemble d'entiers (l'ensemble doit être non vide).

2.5.2 Propriétés des constantes

Les constantes sont définies avec des axiomes et l'on peut ensuite en démontrer des propriétés avec l'obligation de preuve ci-dessous.

$$A(c) \Rightarrow P(c) \tag{2.36}$$

Avec c les constantes et les ensembles porteurs des contextes accessibles.

2.5.3 Faisabilité des substitutions

Dans l'action d'un évènement, on définit en fait un prédicat avant-après qui décrit les nouvelles valeurs v' à partir des anciennes valeurs v. Le critère de faisabilité des substitutions impose que cette nouvelle valeur v' existe effectivement. Remarquons bien que c'est la faisabilité de l'action d'un évènement. Il est tout à fait possible, et courant, qu'une substitution ne soit possible qu'à partir de certaines valeurs de v. À partir de là, il y a deux cas de figure : soit la garde de l'évènement impose des conditions sur les valeurs ; soit certaines valeurs ne sont pas possibles dans ce système. Dans ce cas, ces valeurs possibles doivent être exprimées dans l'invariant du système. Dans tous les cas, si la garde de l'évènement est vraie alors l'action doit être faisable.

Autrement dit, on peut voir cette obligation de preuve comme une vérification de la complétude de la garde. Il est possible de « cacher »des conditions dans une substitution, par exemple $x :\in E$ n'est faisable que si $E \neq \varnothing$, dans ce cas cette condition doit apparaître dans la garde sinon ce n'est pas un évènement correct.

Nous obtenons donc, pour tout évènement e :

$$I(c,v) \wedge G_e(c,l,v) \Rightarrow \exists v' \cdot P_e(c,l,v,v') \tag{2.37}$$

Avec $G_e(c,l,v)$ la garde de l'évènement e (si il n'y a pas de garde c'est la valeur vraie) et $P_e(c,l,v,v')$ le prédicat représentant l'action de e dans sa totalité, mais sans la garde (voir la section 2.3.2).

Exemple : L'exemple ci-dessous va nous aider à illustrer un point délicat. En effet, on peut remarquer qu'il est toujours possible de réécrire une substitution généralisée par une substitution simple à condition d'utiliser une variable locale à l'évènement pour dénoter la nouvelle valeur de chaque variable. Par exemple, si on reprend l'évènement tri, on peut le réécrire tel que dans tri2 ci dessous.

---

tri $\hat{=}$
Begin
  act1: $f : |f' \in 1 .. n \rightarrowtail \mathrm{ran}(f) \wedge$
    $(\forall x, y \cdot x \in 1 .. n \wedge y \in 1 .. n \wedge x \leq y \Rightarrow f'(x) \leq f'(y))$
End
tri2 $\hat{=}$
Any nf
Where
  grd1: $nf \in 1 .. n \rightarrowtail \mathrm{ran}(f) \wedge$
    $(\forall x, y \cdot x \in 1 .. n \wedge y \in 1 .. n \wedge x \leq y \Rightarrow nf(x) \leq nf(y))$
Then
  act1: $f := nf$
End

Intuitivement, on peut penser que ces deux formes ne diffèrent pas fondamentalement et que c'est juste une question de style. Mais il y a une différence importante : il n'y a pas d'obligation de preuve de faisabilité dans le deuxième cas (tri2), ou plus exactement elle est triviale à démontrer ($f' = nf$). Alors que dans le premier cas, l'obligation de preuve de faisabilité nous demande de montrer qu'il existe bien un f' qui est trié et qui est la fonction f commutée par une bijection.

En fait, on déplace le problème de la faisabilité de la substitution vers la satisfiabilité de la garde, mais aucune obligation de preuve ne nous oblige à montrer que les gardes sont satisfiables. Il est même possible (et voulu) qu'elle ne le soit jamais, dans ce cas la garde est toujours fausse et l'évènement ne peut jamais être déclenché.

Ceci a un autre impact : l'initialisation est obligatoirement sous la forme simple (pas de variables ni de garde) pour que l'on soit sûr qu'elle soit toujours déclenchable. Rappelons en outre que l'on a uniquement le droit d'utiliser les variables primées (x') dans l'initialisation.

2.5.4 Invariant

Pour chaque évènement e, il faut démontrer l'obligation suivante afin de vérifier l'invariant.

$$A(c) \wedge P(c) \wedge I(c, v) \wedge BA_e(c, v, v') \Rightarrow I(c, v') \tag{2.38}$$

Avec A les axiomes, P les propriétés, I l'invariant et BA_e le prédicat avant-après représentant tout l'évènement e.

Le cas de l'initialisation

Comme nous l'avons rappelé précédemment, l'initialisation a une forme particulière très contrainte. Tout compte fait, il s'agit d'un prédicat spécifiant les valeurs initiales possibles plutôt qu'un véritable évènement puisque le prédicat avant-après est de la forme $P(c, v')$, il ne porte que sur les nouvelles valeurs. Et dans ce cas pour établir l'invariant il faut montrer :

$$A(c) \wedge P(c) \wedge P(c, v') \Rightarrow I(c, v')$$

2.5.5 Théorème

Les théorèmes dans les modèles B évènementiels sont des formules déduites à partir de l'invariant (et du contexte).

$$A(c) \wedge P(c) \wedge I(c, v) \Rightarrow T(c, v) \tag{2.39}$$

23

Les théorèmes peuvent être utiles pour réécrire l'invariant sous une forme spécifique ou montrer des lemmes.

2.5.6 Raffinement

Le raffinement est une relation entre un modèle concret et un modèle abstrait. Entre ces deux modèles, les variables du modèle peuvent être différentes. Le raffinement est décrit dans le modèle concret, par contre le modèle abstrait n'y fait pas référence. L'invariant du modèle abstrait fait seulement référence aux variables du modèle abstrait. L'invariant du modèle concret peut faire référence aux variables des modèles tant concrets qu'abstraits. On qualifie parfois l'invariant concret d'invariant de « collage », car il explique la relation (comment « coller ») de raffinement des donnés entre les variables abstraites et concretes. Comme dans les modèles non raffinés, les évènements (tant la garde que l'action) ne peuvent être qu'en fonction des variables déclarées dans le modèle. Un évènement du modèle concret peut raffiner un évènement du modèle abstrait. Tous les évènements abstraits doivent être raffinés. Il peut y avoir de nouveaux évènements dans le modèle concret. Dans ce cas, ils raffinent l'évènement vide (que l'on appelle *skip*).

Pour chaque raffinement d'évènement il y une obligation de preuve de raffinement à satisfaire. Prenons un modèle (abstrait) et un évènement e en particulier noté par :

va	variables abstraites
IA	invariant abstrait
BAA	prédicat avant-après d'un évènement abstrait e

Prenons un autre modèle raffinant celui-ci avec un évènement f en particulier raffinant le précédent :

vc	variables concrètes
IC	invariant concret
BAC	prédicat avant-après d'un évènement concret f raffinant e

L'obligation de preuve est notée ci-dessous, elle dépend des deux évènements mais aussi des deux invariants.

$$IA(va) \land IC(va, vc) \land BAC(vc, vc')$$
$$\Rightarrow \quad\quad\quad\quad\quad\quad\quad\quad\quad\quad\quad\quad\quad\quad (2.40)$$
$$\exists va' \cdot BAA(va, va') \land IC(va', vc')$$

Donc, en supposant les invariants abstraits et concrets, la garde de l'évènement concret et la relation entre la valeur précédente vc et suivante vc' des variables concrètes ; il faut montrer qu'il existe une valeur va' abstraite compatible avec l'évènement abstrait et qui vérifie l'invariant concret. Autrement dit, à chaque transition concrète, il existe un transition abstraite qui va vers un état valide pour l'invariant concret.

Dans le cas d'un nouvel évènement introduit dans le raffinement

En pratique, l'obligation de preuve n'est pas présentée comme cela : les deux buts qui sont en conjonction après l'implication sont séparés pour former deux obligations de preuves distinctes. De plus les formules sont simplifiées autant que possible avant même de les présenter à l'utilisateur (elles peuvent aussi être démontré automatiquement dans les cas les plus simples). L'existentielle sur va' est trivial pour les raffinements les plus simples, dans les autres cas l'utilisateur doit attacher à l'évènement une formule témoin afin que le générateur d'obligation de preuve l'instancie (avant de présenter l'obligation à l'utilisateur).

Les formules témoins permettent donc d'instancier la quantification existentielle sur va' en fonction des vc ou vc'. Auparavant les formules témoins n'était pas explicites dans le modèle, elles étaient simplement indiquées lors de la preuve de raffinement. Mais avec l'environnement Rodin, elles font maintenant partie du modèle. Ce qui rend le processus de preuve plus efficace, en particulier si l'évènement est modifié par l'utilisateur cela permet de tenter de ré-appliquer l'instantiation et la preuve qui a été précédemment faite sur l'obligation.

24

Il s'ensuit plusieurs propriétés intéressantes sur le raffinement des modèles. Une des propriétés importantes du raffinement est que l'invariant du modèle abstrait est vérifié par le modèle concret (puisque chaque transition concrète est aussi un transition abstraite cela établit l'invariant abstrait). Et la garde d'un évènement concret implique nécessairement la garde de l'évènement abstrait ; lors du raffinement, nous allons donc du général vers le spécifique.

Une remarque néanmoins, si les variables abstraites (notés ici va) sont toutes différentes des variables concrètes (notés ici vc) et si l'invariant concret (IC dit de collage) est uniquement en fonction des variables vc alors cette obligation de preuve est triviale. D'un point du vue modélisation, c'est une erreur car si IC n'apporte aucune information sur la relation entre les variables concrètes et abstraite, alors les deux modèles sont complètement indépendants et cela n'a pas de sens de les raffiner. En pratique il faut s'assurer qu'il est possible d'exprimer les variables abstraites en fonction des variables concrètes, de cette manière on réalise un raffinement qui a effectivement un sens.

Exemple d'obligation de preuve de raffinement Nous illustrons ci-dessous les obligations de preuves de raffinement sur un exemple abstrait ayant des actions sous forme de substitutions simples. Prenons un évènement eva et un évènement evc qui raffine le précédent.

```
eva ≙
  Any x
  Where
    grd1: P(x, va)
  Then
    act1: va := E(x, va)
  End
```

Donc le prédicat avant-après de cet évènement abstrait est :

$$BAA(va, va') = \exists x \cdot P(x, va) \wedge va' = E(x, va).$$

```
evc ≙
  Refines eva
  Any y
  Where
    grd1: Q(y,vc)
  Then
    act1: vc := F(y,vc)
  End
```

Ce qui nous donne le prédicat avant-après concret suivant :

$$BAC(vc, vc') = \exists y \cdot Q(y, vc) \wedge vc' = F(y, vc).$$

L'obligation de preuve de raffinement complète est indiquée ci-dessous.

$$IA(va) \wedge IC(va, vc) \wedge \exists y \cdot Q(y, vc) \wedge vc' = F(y, vc)$$
$$\Rightarrow$$
$$\exists va' \cdot \exists x \cdot P(x, va) \wedge va' = E(x, va) \wedge IC(va', vc')$$

Nous pouvons instancier $\exists y$ puisqu'il se trouve dans la partie gauche de l'implication (on peut donc le considérer comme une hypothèse établissant qu'un tel y vérifiant $Q(y, vc)$ existe, il faut néanmoins faire attention à ce que y ne soit pas libre dans le reste de la formule) ; remplacer vc' par $F(y, vc)$ (puisque $vc' = F(y, vc)$) ; et instancier $\exists va'$ par $E(x, va)$ (puisque $va' = E(x, va)$). Et on obtient l'obligation simplifiée ci dessous.

$$IA(va) \wedge IC(va, vc) \wedge Q(y, vc)$$
$$\Rightarrow$$
$$\exists x \cdot P(x, va) \wedge IC(E(va, x), F(y, vc))$$

Il nous reste à instancier l'existentielle correspondant au paramètre x de l'évènement abstrait. Ce sont souvent les instanciations sur les paramètres abstraits qui nécessitent une action manuelle. Dans l'outil AtelierB et B4free/Click&Prove, cette obligations est présentée à l'utilisateur. Mais dans Rodin, on indique une formule témoin dans l'évènement concret qui sera ensuite utilisée par le système pour instancier l'existentielle. Cette formule a la forme ci dessous.

With
x: $L(x, y)$

Il faut avant tout vérifier que la formule témoin est valide (nouvelle obligation de preuve d'existence de la formule témoin) :

$$(IA(va) \land IC(va, vc) \land Q(y, vc)) \Rightarrow \exists x \cdot L(x, y).$$

Et grâce à cette formule, on sait qu'un x tel que $L(x, y)$ existe et on peut donc prendre ce x pour instancier $\exists x$ dans l'obligation (toujours en prenant garde à la présence d'un variable libre déjà nommée x) :

$$IA(va) \land IC(va, vc) \land Q(y, vc) \land L(x, y)$$
$$\Rightarrow$$
$$P(x, va) \land IC(E(va, x), F(y, vc))$$

La nouvelle obligation est souvent simple et maintenant que l'obligation de raffinement ne contient plus d'existentielle, elle peut être séparée en deux (ou plus) obligations (séparation de la conjonction en partie droite de l'implication).

De plus, dans le cas où $L(x, y)$ est de la forme $x = G(y)$ (ce qui est courant) l'obligation d'existence de la formule est forcement correcte ($\ldots \Rightarrow \exists x \cdot x = G(y)$, il suffit d'instancier par $G(y)$) et l'obligation de raffinement est sous la forme ci-dessous.

$$IA(va) \land IC(va, vc) \land Q(y, vc)$$
$$\Rightarrow$$
$$P(G(y), va) \land IC(E(va, G(y)), F(y, vc))$$

Concernant l'exemple précédent du tri par sélection, nous invitons le lecteur à utiliser un outil de la méthode B pour entrer les deux modèles donnés et ainsi voir la forme particulière que prennent les obligations de preuves générées et voir comment se déroule le processus de démonstration automatique et intéractif.

Le cas de l'initialisation

Pour l'initialisation, il faut vérifier une version restreinte de cette obligation de preuve de raffinement. En effet, il n'y a pas d'état avant l'initialisation. Donc si on note $INITA$ le prédicat caractérisant l'initialisation abstraite et $INITC$ concrète, on obtient l'obligation de preuve ci dessous.

$$INITC(vc')$$
$$\Rightarrow \tag{2.41}$$
$$\exists va' \cdot INITA(va') \land IC(va', vc')$$

Il faut donc montrer, qu'étant donné une valeur initiale concrète vc', il existe une valeur initiale abstraite va' avec laquelle l'invariant concret est vérifié.

Type de raffinement

En guise de remarque méthodologique, nous pouvons remarquer qu'il existe un autre moyen de rendre triviale l'obligation de preuve de raffinement, mais cette fois de manière tout à fait justifiée. En effet, le raffinement est forcement correct si toutes les variables et les évènements se retrouvent tels quels dans le modèle concret à côté de nouveaux évènements modifiant uniquement de nouvelles variables. On appelle parfois ce type de raffinement : une superposition ou un raffinement horizontal. Il est souvent utilisé pour introduire incrémentalement différentes parties d'une spécification.

On peut opposer la superposition à un raffinement plus complexe qui remplace effectivement des parties des évènements abstraits. Dans ce cas l'obligation de preuve de raffinement exprime une propriété que l'on souhaite vérifier par le processus de raffinement. Ce que l'on qualifie parfois de raffinement vertical.

2.5.7 Propriété de vivacité

La démonstration d'invariants et de raffinements sont des outils pour vérifier des propriétés de sureté (rien de mauvais n'arrive). Les propriétés de vivacité (quelque chose de bien arrive) doivent, elles aussi, être considérées. En effet, il est possible que les systèmes d'évènements que l'on utilise en B évènementiel se bloquent dans un état ou continuent à évoluer sans jamais arriver à un état voulu (comme la fin d'un calcul).

De plus, dans le cas d'un raffinement, nous pouvons rajouter des conditions aux gardes des évènements raffinés (les rendre plus particulières) et rajouter de nouveaux évènements. Dans le premier cas, les évènements peuvent ne plus se produire dans certain états, ce qui peut bloquer le système (néanmoins cela peut être un comportement désiré). Dans le deuxième cas, les nouveaux évènements peuvent prendre la main indéfiniment sur les anciens évènements, ce qui empêche que le comportement décrit dans le modèle abstrait surviennent.

Une des possibilités pour vérifier les propriétés de vivacité est d'utiliser un *model-checker*. En effet, ces techniques permettent de trouver facilement les états de blocage et de vérifier si un état particulier est systématiquement atteint. Bien sur, cela ne peut se faire que si le nombre d'état du système est gérable par le *model-checker*.

En restant avec les techniques de démonstration usuelles en B évènementiel, on montre souvent le non-blocage du système. Pour cela il suffit de montrer (par un théorème) la disjonction des gardes des évènements. Ce qui permet de vérifier que, dans tous les états, il existe au moins un évènement qui peut se déclencher. Il faut noter que le non-blocage n'est pas conservé par le raffinement, puisqu'on peut contraindre les gardes, donc il est avisé de le vérifier dans le dernier raffinement du développement.

Usuellement dans un développement B évènementiel, le premier modèle (le plus abstrait) possède un ou plusieurs évènements (dans le cas de systèmes distribués ou parallèles) qui représentent l'action ou le résultat final du système. Ensuite, lors du raffinement, on ajoute des évènements qui, souvent, ajoutent des nouveaux comportements qui finissent par déclencher les évènements finaux du système abstrait. Dans ce cas, il est intéressant de montrer que tous les nouveaux évènements ne se déclencheront qu'un nombre fini de fois. Pour cela, on peut utiliser un variant. Il s'agit d'une expression ayant pour valeur un entier naturel qui décroit à chaque fois qu'un des nouveaux évènements se déclenche. Si on peut exhiber une telle expression, alors nécessairement les nouveaux évènements ne peuvent prendre indéfiniment la main.

2.6 Interprétation en tant que système de transition

La définition des modèles en B évènementiel qui a été donnée jusqu'ici ne précise pas comment interpréter les modèles. Les modèles peuvent être interprétés de différentes manières suivant l'objectif. Dans notre but d'étudier les systèmes temporisés, le plus adéquat est de considérer des systèmes de transitions. Cela est en effet adapté pour associer ensuite une information temporelle sur les états et transitions du système. D'ailleurs, beaucoup de formalismes temporels utilisent cette notion.

Un système de transitions étiquetées est un quadruplet (Σ, S, S_0, T) avec :
 – Σ un alphabet pour les étiquettes des transitions

- S un ensemble d'états
- S_0 un ensemble d'états initiaux, sous-ensemble de S
- et $T \subseteq S \times S \times \Sigma$ l'ensemble des transitions étiquetées.

Une transition étiquetée est un triplet $((s, t, \sigma))$ donnant l'état de départ (s), l'état d'arrivée (t) et une étiquette (σ). On peut la représenter ainsi :

$$s \xrightarrow{\sigma} t$$

Ce qui signifie que le système passe de l'état s à l'état t par la transition σ.

On appelle le graphe de transition d'un système l'ensemble T puisque celui-ci forme une relation entre les états S par l'intermédiaire des transitions.

On peut définir la trace d'un système de transition. Une trace r est un chemin du graphe de transition, elle représente un déroulement possible du système. On peut représenter cette suite comme ceci :

$$r \ : \ s_0 \xrightarrow{\sigma_1} s_1 \xrightarrow{\sigma_2} s_2 \xrightarrow{\sigma_3} \dots.$$

avec $s_0 \in S_0$, $s_i \in S$, $\sigma_i \in \Sigma$ et $(s_{i-1}, s_i, \sigma_i) \in T$ pour $i \geq 1$.

Nous pouvons maintenant interpréter une machine B évènementielle en tant qu'un système de transition. L'ensemble S des états est formé par le domaine des variables du modèle. Si, dans le modèle, il y a n variables x_i chacune appartenant à un ensemble D_i ($i \in 1 \mathbin{..} n$) alors l'ensemble S des états du système est formé par les valeurs du n-uplet $(x_1, x_2, \dots, x_n)$ à valeurs dans $D_1 \times D_2 \times \dots \times D_n$.

L'ensemble Σ des étiquettes des transitions est formé par les identifiants des évènements.

Les valeurs initiales possibles du système sont déterminées par l'évènement d'initialisation du système. L'ensemble S_0 est donc défini par compréhension et son prédicat caractéristique est le prédicat défini par les substitutions de l'initialisation du modèle.

L'ensemble des transitions étiquetées T est donné par les évènements.

C'est à dire que les prédicats avant-après définissent une relation entre les états (le n-uplet des valeurs des variables). Pour cela, considérons

$$Next(c, v, v') = \bigvee_{e \in EVT} BA_e(c, v, v')$$

avec EVT les évènements du modèle et BA_e le prédicat avant-après de l'évènement e, ce prédicat caractérise comment le système transite d'un état v à un autre v'. L'ensemble T des transitions est formé par la clôture transitive de $Next$ sur les états initions de S_0 (il faut de plus étiqueter chaque transition par l'identifiant de l'évènement concerné).

Exemple A noter qu'un évènement B peut représenter un ensemble (potentiellement infini) de transitions entre un ensemble (lui aussi potentiellement infini) d'états. Par exemple, un simple modèle comme celui ci-dessous, ne représentent pas un automate à états finis.

```
VARIABLES n
INVARIANTS
  inv1: n ∈ ℕ
EVENTS
Initialisations ≙
  Begin
    act1 : n := 0
  End
echanger ≙
  Begin
    act1 : n := n + 1
  End
```

Dans cet exemple le graphe de transition est une chaine infinie formée par les entiers positifs.

Exemple Comme autre exemple on peut considérer le modèle ci-dessous.

```
VARIABLES n
INVARIANTS
  inv1: n ∈ ℕ
EVENTS
Initialisations ≙
  Begin
    act1 : n :∈ ℕ
  End
echanger ≙
  Begin
    act1 : n :∈ ℕ
  End
```

Où le graphe de transition est un graphe complet sur les entiers positifs.

Exemple Comme illustration des systèmes de transitions, nous pouvons reprendre l'exemple de ce chapitre du tri. Une trace pour le modèle m0 et une autre pour le modèle raffiné m1 sont donné dans la figure 2.1. La trace est un exemple court sur un tableau à trois éléments. Les rectangles représentent les états, les flèches pleines les transitions et les flèches pointillées la relation de raffinement. L'étiquette de chaque transition est indiquée et en parenthèse se trouve la valeur des paramètres de l'évènement correspondant.

Dans le modèle abstrait m0 le tableau (représenté par une fonction) après l'initialisation est formé par la suite $3, 1, 2$ et le système s'arrête avec un tableau trié. On peut bien voir l'évènement « en un coup »tri qui se contente de spécifier que doit être le résultat du système.

Dans le modèle concret, on raffine la fonction f par la fonction $f1$ car nous voulons représenter des changements de valeurs supplémentaires du tableau. Le nouvel évènement « echanger »représente (encore abstraitement) le mécanisme du tri par sélection. La variable i est ajoutée, elle permet de connaître l'avance des échanges de valeurs dans le tableau. Les initialisations se raffinent (c'est toujours le cas), et l'évènement « fin »raffine le tri. On voit que l'évènement « echanger »se déroule avant le déclenchement de fin et construit petit à petit le même comportement que le modèle abstrait.

29

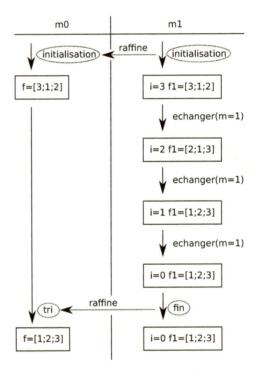

FIG. 2.1 – Traces des modèles du tri (avec $[x; y; z] = \{1 \mapsto x, 2 \mapsto y, 3 \mapsto z\}$)

Chapitre 3

État de l'art

3.1 Méthodes formelles

3.1.1 *Timed Automata*

La théorie des automates temporisés est incontournable dans le domaine de la verification temp-réel. Le premier article écrit est [13] par Rajeev Alur and David L. Dill en 1990, il fut ensuite complété dans [14] des mêmes auteurs.

La théorie des automates temporisés s'attache à étudier les problèmes de décisions attachées à cette classe de modèles temporisés. Ainsi, l'apport principal de l'article (initial) est un algorithme permettant de vérifier si le langage d'un automate temporisé est vide (ainsi que d'autres résultats comme l'inclusion de deux langages). Ceci est réalisé grace à un algorithme dit de région qui abstrait l'espace temporel (dense) en un nombre fini de région.

Concernant le modèle des automates temporisés, il s'agit d'une manière d'annoter des graphes de transitions d'états avec des contraintes temporelles utilisant des horloges. Les horloges pouvant être remise à zéro en conjection avec des transitions données.

La théorie des automates temporisés est une extension des travaux sur les automates, en ajoutant des notions temporelles, et plus particulièrement des résultats de *model-checking*. Les résultats sont bien sûr restreints aux automates à états finis. On y trouve ainsi une version temporisée des automates de Büchi et de Muller (déterministe ou non) qui servent à représenter et manipuler les (traces des) systèmes et formules logiques (temporelles). Dans ce cadre, une exécution d'un système est représenté par une trace (une séquence d'évènement) formant un mot du langage de l'automate. Dans les papiers cités précédemment, les traces sont définies suivant les évènements, les définir suivant les états ne change que des détails dans la théorie. L'article définit une version temporelle des traces qui sont une séquence de couples formés par un label du langage (évènement) et une valeur temporelle. Cette valeur représente la date où l'évènement est survenu.

Pour vérifier un système (éventuellement concurrent) on peut considérer le déroulement en parallèle de plusieurs automates (un pour chaque unité d'exécution non-concurrent), les transitions communes (de même nom) entre les automates représentent des synchronisations et donc sont fusionnés dans le graphe de transitions résultant. La concurrence n'est pas représentée par une sémantique d'entrelacement, à la place les transitions du graphe sont étiquettées avec un ensemble de label (ce qui représente donc l'exécution simultanée de plusieurs processus). Outre le fait que cela réduit le nombre d'état du graphe, cela a pour conséquence que la séquence temporelle associée aux évènements est strictement croissante. Ce qui implique que pour un instant du système, il n'y a qu'un seul état (ou évènement).

Le système (l'implémentation) étant défini par un ensemble d'automates concurrents (avec synchronisation des transitions communes) on définit la spécification aussi comme un ensemble et la vérification est faite en décidant si le langage de l'automate représentant l'implémentation est inclus ou non dans le langage de l'automate représentant la spécification.

Cette spécification peut être une formule de logique temporelle puisque on peut transformer ces formules en automates.

3.1.2 *Explicit Clock Temporal Logic*

Cet article [30] écrit par Eyal Harel, Orna Lichtenstein, et Amir Pnueli en 1990 considère comment travailler sur des propriétés temporelles quantitatives en utilisant telle quelle une logique temporelle qualitative qui fait référence à une variable numérique unique et globale représentant le temps courant.

Les propriétés temporelles sont exprimées à l'aide d'une formule de logique temporelle, dans cette formule on peut trouver deux types de variables : les variables dites souples (*flexible*) ou dynamiques qui sont des variables du modèle pouvant varier suivant le déroulement du système; et les variables dites rigides ou statiques qui, comme les variables mathématiques traditionnelles, sont des inconnues constantes. La variable (souvent nommée T ou *now*) représentant le temps courant est une variable dynamique. L'idée est d'utiliser des variables statiques pour « sauvegarder » la valeur du temps courant dans un état p pour l'utiliser ensuite dans un état q avec une expression arithmétique formant la propriété à vérifier. Ceci est possible car les formules de logique temporelle sont interprétées sur les traces et non pas sur un état unique. Exemple

$$ \Box \left((p \wedge (x = T)) \Rightarrow \Diamond (q \wedge (T \leq x + 5)) \right) $$

permet de s'assurer que l'état q survient moins de 5 unités de temps après l'état p.

3.1.3 *An Old-Fashioned Recipe for Real Time*

Cet article [1] de Martín Abadi et Leslie Lamport défend l'utilisation de méthodes et langages générales « classique » pour étudier des nouveaux problèmes comme les systèmes temporisés. C'est donc dans le langage TLA [31] que les auteurs se proposent d'étudier des systèmes distribués temporels. On retrouve une approche avec encodage explicite du temps dans des variables de la spécification. Le temps courant est représenté par une variable *now*. Tous les mécanismes de spécification reposent sur des définitions de formules temporelles permettant de contraindre l'incrémentation de *now* (une valeur numérique réelle) ou le déclenchement d'une action. Durant la spécification d'un système, les formules ainsi définies sont instanciées par les paramètres du système et sont placées conjointement avec les spécifications non-temporelles du système.

Comme la grande majorité des méthodes de spécifications temporelles, l'article se focalise sur l'expression de bornes supérieures et inférieures sur les délais présents dans le système. Pour cela, quatres types de *timers* (ou plutôt de contraintes temporelles) de deux types sont introduits.

Le premiers type est formé par des repères temporels en valeur absolue (donc même repère temporel que *now*) avec en plus des valeurs pour l'infini positif ou négatif. Ces repères servent de bornes temporelles inférieures ou supérieures. Une formule $MaxTime(t)$ permet de bloquer la progression de *now* à t. Une deuxième formule $MinTime(t, A, v)$ spécifie qu'une transition A ne peut survenir que si t est inférieure à *now*.

Le deuxième type de contraintes temporelles porte sur le temps qu'une action attend alors que les conditions nécessaires à sa venue sont vérifiées. L'article appelle ce type de contrainte des $\delta - timer$. La première variante *volatile*$\delta - timer$ compte le temps pendant lequelle une action est continuement permise. La deuxième variante *volatile*$\delta - timer$ compte le temps total pendant lequelle une action a été permise (qui peut donc être sporadique).

La spécification temporelle est écrite en instanciant les définitions des concepts ci-dessus et en ajoutant ces instanciations en conjonction avec les actions non-temporelles. Les définitions sont donc modulaires et génériques et que le résulat n'est pas facilement utilisable dans TLC, le model-checker de TLA. Notons que cette façon de rédiger la spécification rend l'expression des transitions qui incrémentent *now* implicite.

L'article discute en détail le problème des comportements du type « paradoxe de Zénon », dans lequel le *now* progresse asymptotiquement vers une constante sans jamais l'atteindre. C'est une forme plus évoluée de blocage temporel du système qui peut être problèmatique quand on considère un temps continu.

3.1.4 Chapitre 9 dans *Verifying Systems*

Dans le chapitre 9 de son livre [31] sur TLA, Lamport rappelle sa méthodologie d'encodage explicite du temps dans une version légèrement raffinée. Soit une action A avec son prédicat ENABLED(A) (qui correspond à la garde en B évènementiel) caractérisant si l'action peut se déclencher dans l'état courant ou non. La présentation de la méthode évolue et se focalise maintenant sur l'étude de la durée pendant laquelle une action A est ENABLED(A), sans avoir été déclenchée. Le passage du temps étant toujours l'interprétation de la progression de la valeur d'une variable *now*. La spécification des comportements temporels est généralisée dans deux définitions. La première (*RTnow*) précise le comportement de *now* qui ne peut qu'augmenter entre autres choses. La deuxième (*RTBound*) permet de spécifier une borne supérieure et inférieure sur la durée où une action A peut rester prête à être déclenchée. Ce comportement est obtenu par un *timer* incrémenté en même temps que *now* si ENABLED(A est vrai. Tous ces mécanismes sont intégralement définis dans le langage, de sorte qu'un utilisateur n'aurait qu'à instancier les définitions au bon endroit de sa spécification pour apporter le comportement temporel.

Les spécifications obtenues par cette méthode ne peuvent être analysées par TLC (voir [33] page 7).

3.1.5 *Real-Time Model Checking is Really Simple*

Cet article [33] de L. Lamport est une sélection du contenu du rapport de recherche [32]. La spécification temporelle suit les préceptes exposés dans les précédents travaux de Lamport. À la différence que les définitions générales ne sont réutilisées, à la place les éléments sont introduits explicitement dans le modèle. On peut, par exemple, voir l'action *Tick* explicitement dans les modèles et les différents types de *timers*. Cela a l'avantage de produire un modèle que TLC peut analyser, mais les concepts utilisés sont réellement les mêmes, seule l'expression change. L'article présente une méthode pour utiliser TLC sur des spécifications de ce type.

L'auteur en profite pour redonner une typologie des *timers* qu'il considère (le texte est plus détaillé dans le rapport associé). On considère un délai d comme exemple. La valeur de ces *timers* est prise dans les nombres réels augmentés par plus ou moins l'infini. Les valeurs infinies permettent de les neutraliser.

– Un *expiration timers* t est réglé à $now + d$ et arrive à échéance lorsque $t = now$. Ils ne varient pas au cours du temps. Leur repère temporel est absolu et est le même que la variable *now*. (une variable consiste à les régler à *now* et à considérer l'échéance à $now + d$.

– Un *countdown timers* (un compteur à rebours) est réglé à d et arrive à échéance lorsque $t = 0$. Ils sont décrémentés lorsque *now* est incrémenté. Ils ont un repère temporel inversé local à l'instant où ils ont été réglés.

– Un *countup timers* (un compteur, un chronomètre) est réglé à 0 et arrive à échéance lorsque $t = d$. Ils suivent la progression de *now*. Ils ont un repère temporel local à l'instant où ils ont été réglés.

La notion de borne temporelle inférieure est définie comme étant une contrainte temporelle (exprimée sur les *timers*) empêchant une action de se déclencher avant un certain moment. La notion de borne temporelle supérieure est définie comme une contrainte temporelle bloquant la progression du temps à un certain moment tant qu'une action ne s'est pas déclenchée.

3.1.6 Event-Clock Automata

Les automates d'horloges d'évènements (*Event-Clock Automata* ECA) sont des automates temporisés d'un type particulier. Dans les automates temporisés, on dispose d'horloges pouvant être remises à zéro lors d'une transition. Les valeurs de ces horloges servent ensuite à exprimer des contraintes temporelles. Les remises à zéro peuvent se faire conjointement avec n'importe quelle transition, chaque transition est labellisée avec les horloges sur lesquelles elle agit. Les transitions de l'automate sont étiquetées par un symbole de l'alphabet définissant le langage reconnu par l'automate. Dans les ECA, la mise à zéro est conjointe avec un symbole particulier de l'alphabet de l'automate. Ceci est plus contraint que dans les automates temporisés, où la remise à zéro et les symboles reconnus par la transition sont libres. Il existe deux variantes des ECA : les *event-recording automata* et les *event-predicting automata* Si on interprète les symboles comme un évènement, on peut interpréter les horloges des premières comme l'enregistrement de la date de la dernière exécution de l'évènement et les horloges des secondes comme la date future où l'évènement va se déclencher.

3.1.7 Calcul des durées

Le calcul des durées ([28], Michael R. Hansen et Zhou Chaochen) (*Duration Calculus*) se base sur les logiques d'intervalle [12, 24, 27]. Comme son nom l'indique, une logique de cette classe permet de formaliser une démonstration manipulant des intervalles. Plus précisément, on peut ainsi manipuler des fonctions sur des intervalles, telle que la fonction qui associe sa longueur à un intervalle ou la fonction qui associe la durée d'un état dans un intervalle.

Le calcul des durées ajoute à cela une notion d'états booléens et d'événements, ce qui permet d'écrire des modèles pouvant représenter des systèmes de transition temps-réel. Au final, le formalisme obtenu [28, 29] permet de manipuler l'intégrale (dans le sens mathématique d'intégration) d'un état sur un intervalle temporel. Les différents opérateurs de la logique permettent de quantifier et de préciser cet intervalle (par exemple prendre tous les sous-intervalles contenus dans un intervalle) et d'écrire une propriété sur la durée d'un état pris dans cet intervalle (donc spécifier une expression arithmétique sur cette durée).

Une monographie [45] est parue en 2004 et synthétise le développement des travaux réalisés sur le calcul des durées.

Un exemple d'étude de cas est souvent cité pour illustrer l'utilité d'un tel formalisme, il s'agit de l'exemple d'un brûleur à gaz. Un tel brûleur peut rejeter du gaz non brûlé dans l'atmosphère de la pièce où il se trouve si l'allumage du gaz connaît une défaillance. Pour des raisons évidentes de sécurité, il faut éviter qu'une trop grande quantité de gaz non brûlé soit rejetée, cette contrainte est exprimée par une expression du type « pour tout intervalle de temps supérieur à x seconde, la quantité de gaz rejeté doit être inférieur à y litre ». Cette propriété peut s'exprimer naturellement dans le formalisme du calcul des durées. Le fait de manipuler des intégrales de temps sur des intervalles rend le calcul des durées très expressif, mais c'est probablement aussi un des formalismes temporels le plus sophistiqué parmi les travaux classiques du domaine.

3.2 La méthode B et le temps

Ainsi que nous l'avons vu, la méthode B n'introduit pas de concepts particuliers pour traiter les systèmes temporisés. Des travaux cherchant à marier les aspects temporels et la méthode B ont donc été menés pour proposer des solutions à l'étude de tel système. La plupart portent sur la version classique de la méthode bien que l'on en trouve aussi pour la version évènementielle. C'est d'ailleurs un point ayant une conséquence sur la conception de la modélisation temporelle, en effet on s'attend à ce que les opérations de la méthode B classique s'inscrivent dans une durée, étant donné qu'une opération peut représenter une procédure non-atomique comportant par exemple une séquence d'instructions. Alors qu'un évènement est un changement d'état atomique d'un système, il serait a priori instantané.

3.2.1 Butler et Falampin, projet MATISSE

À notre connaissance, le premier article (2002) traitant de la problématique temps-réel au sein de la méthode B est [18] par M. Butler et J. Falampin. Ce travail a été réalisé dans le cadre du projet européen MATISSE (IST-1999-11435) sur l'application de la méthode B sur les systèmes de contrôle ferroviaire. Il traite des propriétés temps-réel demandées pour le freinage des trains et pour le système de communication ferroviaire. Dans le cadre de ce projet, les auteurs ont jugé nécessaire de rester dans le périmètre de la méthode B pour traiter les aspects temporels et de continuer à utiliser l'outil AtelierB. Les auteurs indiquent que cette méthode est similaire à l'approche [1] d'Abadi et Lamport (voir la section 3.1.3). Pour modéliser le temps, ils considèrent une variable (t) pour le temps courant et des variables pour enregistrer à quel moment certaines actions ont été réalisées par le système. Par exemple à quel moment un train est entré dans une section restreinte (variable *rtime* dans l'exemple). Ainsi en comparant le temps courant et les enregistrements, on peut exprimer des propriétés temps-réel. Pour reprendre l'exemple, une telle propriété peut être : un train doit freiner dans un certain délai après l'entrée en section restreinte.

3.2.2 Thèse de Samuel Colin

Cette thèse [22] « Contribution à l'intégration de temporalité au formalisme B : Utilisation du calcul des durées en tant que sémantique temporelle pour B » a été soutenue en octobre 2006. Ce travail a fait l'objet (entre autre) de la publication [23]. Il s'agit d'une extension, supportant la concurrence par des variables partagées, des machines du B classiques qui associent une durée à chaque opération. Un outil basé sur l'assistant de preuve Coq est proposé pour vérifier les machines obtenues. Le principe est d'étendre la sémantique de B avec le calcul des durées (*duration calculus* voir la section 3.1.7) et d'exprimer cette sémantique au sein de la logique de Coq.

3.2.3 Thèse de Odile Nasr et Miloud Rached

Des travaux sur la méthode B et le temps-réel ont été menés à l'université Paul Sabatier. Deux thèses en sont issues.

La thèse [37] « Spécification et Vérification des ordonnanceurs temps réel en B » a été soutenue en novembre 2007. Il s'agit ici de modéliser et vérifier des politiques d'ordonnancement temps-réel. Une politique d'ordonnancement est un algorithme chargé d'exécuter plusieurs tâches de manière à ce que chacune d'entre elles respecte ses contraintes temps-réels. L'auteur modélise d'abord les politiques avec le langage de description d'architecture COTRE, puis les politiques sont validées en se basant sur la méthode B augmentée de variables temps-réel. L'auteur présente une méthode permettant de générer un modèle traduisible en langage C en passant par un modèle basé sur un sous-ensemble de B (une variante du langage B0).

La thèse [40] « Spécification et vérification des systèmes temps réel réactifs en B » a été soutenue en mai 2007. A ce jour, nous n'avons pas encore pu accéder au manuscrit de la thèse.

O. Nasr, R. Miloud et leurs encadrants sont aussi auteurs de [38, 41, 39, 16]. Tous ces articles concernent directement la méthode B et le temps-réel.

3.3 Ingénierie des systèmes temps-réel durs

Les systèmes temps-réel durs (*hard real-time*) doivent exécuter des tâches en garantissant un borne supérieure sur le pire des cas du temps de calcul nécessaire à la réalisation de ces tâches (évidemment, il importe aussi de garantir la fonction et la correction de ces tâches). Ces systèmes sont typiquement enfouis dans un système physique avec lequel ils interagissent. Il peut s'agir par exemple d'un système de contrôle et de commande au sein d'un véhicule. Presque systématiquement, ces systèmes doivent assurer plusieurs tâches en parallèle. En effet, les systèmes physiques à contrôler sont composés en général de plusieurs composants, comme différents capteurs (pression, température, position, etc) ou effecteurs (moteur etc). Donc l'ensemble des opérations que doit réaliser le système de contrôle est structuré en différentes tâches qui peuvent correspondre aux fonctions des composants physiques. Ensuite chacune de ces tâches peut être soumise à des contraintes temps-réel. On qualifie aussi ces systèmes de réactifs car ils réagissent à leurs entrées pour fournir des sorties adaptées, le tout se déroulant dans une boucle infinie.

La plateforme d'exécution est souvent un ordinateur ou contrôleur comportant un unique processeur mais les plateformes multi-processeurs (ou multi-cœurs) se généralisent de plus en plus et apportent des avantages et difficultés supplémentaires pour la gestion du multitâche. Les processeurs récents tendent aussi à avoir un comportement difficile à quantifier au pire des cas car les mécanismes comme les caches ou les pipelines améliorent surtout les performances en temps moyen et peuvent connaitre une grande variabilité dans le temps de calcul.

3.3.1 Approche classique

L'approche classique de la conception de systèmes temps-réel reprend les techniques de programmation impératives en y rajoutant une discipline et une théorie permettant d'assurer les contraintes temps-réels. Les systèmes sont donc mis au œuvre dans un langage de programmation usuel pour l'informatique embarqué (typiquement C ou ADA). Chaque tâche à réaliser est affectée à un processus. Le tout est exécuté et ordonnancé par un système d'exploitation temps-réel qui met en œuvre des stratégies d'ordonnancement spécialement étudiées pour assurer que le comportement temps-réel global respecte toutes les contraintes temps-réels locales à chaque tâche. Les tâches peuvent être spécifiées selon différents modèles selon le contexte et les besoins. Mais les propriétés de ces tâches comprennent au moins la périodicité, le temps de calcul au pire des cas et une échéance à respecter. Le calcul d'une tâche doit être terminé avant l'échéance (prise depuis le début de la période de calcul). Comme le calcul d'une tâche peut être interrompu à la faveur d'autre tâches par le système d'ordonnancement, il est possible que les échéances ne soient pas respectées si la tâche est interrompue trop longtemps. Les modèles de tâches plus évolués peuvent aussi considérer des concepts comme des priorités entre les tâches, des dépendances de communications, etc. Il existe de nombreux algorithmes d'ordonnancement avec des performances et des capacités variables, chaque algorithme garantit un ordonnancement correct si un certain critère sur les propriétés des tâches est vérifié. Ce critère permet de choisir l'algorithme adapté ou de dimensionner la plateforme d'exécution de manière à garantir un ordonnancement toujours correct (c'est à dire que les tâches terminent avant leurs échéances).

3.3.2 Approche synchrone

L'approche synchrone est apparue au milieu des années 80 afin de répondre aux besoins spécifiques et aux particularités que l'on trouve dans la conception et la mise au point de système embarqué. Pour cela, cette approche propose de travailler à un niveau abstrait éloigné des considérations matérielles et d'utiliser un paradigme de programmation déterministe, c'est à dire que le résultat d'un calcul ne doit être fonction que de ses paramètres (pas d'effet de bord, l'ordre d'exécution n'a pas d'influence).

Pour cela, le paradigme impératif avec ces variables est abandonné en faveur de la manipulation de flots de données. Chaque flot de donnés représente l'évolution d'une valeur au cours du temps, tous les flots d'un programme évoluent en même temps, d'où le nom de programmation synchrone. Cette approche est en opposition avec la programmation classique, ou chaque fils d'exécution parallèle peut changer la valeur de ses variables de manière asynchrone et doit changer les valeurs variable par variable. Les langages synchrones disposent en général d'un opérateur pour accéder à la valeur précédente (ou encore avant) du flot de valeur d'une donnée, un programme synchrone est en fait un système d'équations déterminant la prochaine valeur de chaque flot en fonction des valeurs passées et de la valeur courante.

Le but est de faire travailler le programmeur à un niveau d'abstraction proche du niveau de conception, à ce niveau les temps de calculs et de communications sont pris comme nuls. Ensuite, l'implémentation est obtenue par un compilateur qui produit un programme dans lequel on s'assure que le temps d'exécution est borné et l'hypothèse du synchrone vérifiée en pratique sur une plateforme matériel donnée.

Plusieurs langages synchrones existent, nous pouvons notamment citer : Lustre (que l'on peut trouver dans la suite de logiciel SCADE) voir [20, 26] par N. Halbwach P. Caspi, P. Raymond et D. Pilaud ; Signal voir [34] par P. Guernic, M. Borgne, T. Gautier, C. Maire et Esterel (qui propose des structures de contrôle plus proche du style impératif) voir [15] par G. Berry et G. Gonthier. Ces langagues se prêtent bien à une représentation graphique sous forme de diagramme (ce mode de réprésentation peut être utilisé à la place du code source), ce qui est proposé notamment par l'outil SCADE.

Un langage synchrone étant principalement destiné à équiper des systèmes critiques, leur sémantique est spécifiée formellement et il existe différentes théories et outils pour en assurer la correction (par exemple Lesar (*Lustre model checker*), *Esterel model checker* ansi que des outils contenu dans SCADE).

3.3.3 UML2 et MARTE

Unified Modeling Language (UML) est une norme définissant des diagrammes destinés à être utilisé lors de la conception de logiciel orienté objet. UML 1.1 a été accepté par l'*Object Management Group* en 1997. Cette syntaxe graphique intègre de nombreux types de schéma provenant de diverses notations en vigueur à cette époque. Ce n'est pas une méthode de développement, et UML ne précise donc pas comment doivent être utilisées ses notations.

La version 2.0 a été normalisée en 2005 (puis d'autres révisions mineures) et introduit une superstructure définissant les définitons d'UML. Utilisant cette définition par superstructure, la sémantique des diagrammes UML est donné par un méta-modèle. Bien qu'il existe donc des descriptions de la sémantique d'UML, celle ci n'est pas complètement formelle et fixée dans la norme. Il appartient à l'utilisateur de la notation de suivre par ailleurs une méthode de développement. Entre autre chose, UML2 définit un mécanisme de profil qui permet d'ajouter des notations (toujours graphiques) pour des domaines qui ne seraient pas couverts par la norme officielle.

C'est ainsi qu'est conçu le profil UML 2 *Modeling and Analysis of Real Time and Embedded systems* MARTE[1] qui est une norme proposée par l'OMG qui propose des modèles spécialisés dans la conception et de logiciels temps-réel.

3.4 Conclusion

Nous pouvons voir dans ce chapitre un aperçu des travaux disponibles dans le domaine de l'étude formelle des systèmes temporisés. Plus particulièrement des publications comme celle d'Abadi et Lamport [1] ont posé les bases de la modélisation explicite du temps, ou comme le formalisme des automates temporisés [14] par Alur and Dill nous ont inspiré pour le choix et le style de notre propre approche de modélisation du temps.

Il apparaît assez clairement que les différentes possibilités de formalisation du temps (ou au moins les possibilités conservant une certaine simplicité) ont toutes les chances d'avoir déjà été étudiées, sous une forme ou une autre, dans la littérature existante. Mais l'étude en détail de la manière dont on peut marier ces possibilités avec les principes de la méthode B évènementielle (évènement, raffinement, ...) est justifiée par la difficulté de rester en adéquation avec ces principes et de les utiliser au mieux.

---

[1]http://www.omgmarte.org/

Chapitre 4

Modèles du temps et patrons

Nous allons introduire dans ce chapitre nos différentes modélisations du temps. Ces modélisations du temps sont décrites sous la forme de patrons qui permettent de partager avec d'autres l'expérience que nous avons engrangée lors de nos travaux. Les différents patrons permettent de répondre à des problématiques différentes survenant dans les systèmes ayant des aspects temporels quantitatifs.

Notre motivation est d'incorporer un encodage explicite du temps dans les modèles B évènementiels, ce qui permet d'étudier des systèmes temporels quantitatifs en conservant le langage et les outils habituels.

L'idée générale de l'encodage explicite du temps est d'ajouter des variables pour exprimer l'état temporel du système. Nous avons donc une partition des variables du modèle : soit une variable modélise des informations temporelles, soit elle modélise l'état non-temporel du système. Évidemment entre ces variables, il va exister une relation qu'il faudra d'ailleurs exprimer dans l'invariant

Les valeurs des variables temporelles seront prises dans l'ensemble des entiers naturels. Elles pourraient aussi être prises dans l'ensemble des nombre réels, mais les réels ne sont pas disponibles dans les outils de la méthode B. Lorsque que les variables temporelles sont prises dans un ensemble discret, une certaine synchronisation est appliquée aux évènements. Le déclenchement des évènements se fait donc dans certains points temporels et la progression du temps se fait par saut discret entre ces points selon une certaine granularité. Cela peut empêcher l'étude de certains comportements si la granularité est trop lâche. Cependant lors d'une démonstration formelle les constantes qui paramètrent le système peuvent être laissées indéterminées à condition de formaliser les relations qui lient ces paramètres. Ainsi les constantes temporelles ne sont pas liées à une valeur fixe et la granularité est elle aussi variable. De cette manière les évènements ne sont pas artificiellement synchronisés par le caractère discret des valeurs temporelles.

La progression du temps est exprimée par un évènement (nommé *tic*), qui est le seul à faire évoluer les variables temporelles et ne modifie pas les variables non-temporelles du système.

Il s'ensuit que les autres évènements que *tic* sont instantanés. En B évènementiel, les évènements sont atomiques, ce qui signifie que le système modélisé passe directement d'un état à un autre lors du déclenchement d'un évènement. Cette atomicité rend nécessaire l'instantanéité des évènements. En effet, un évènement avec une durée non nulle nécessiterait de considérer un état intermédiaire représentant l'évènement en train de se déclencher. Au lieu d'introduire un tel changement de sémantique, nous pensons qu'il est plus efficace de modéliser les opérations non atomiques par deux évènements, un pour le début de l'évènement et un autre pour la fin. On peut alors contraindre le temps qui s'écoule entre ces deux évènements pour représenter la durée de l'opération. Toutes ces considérations sont particulièrement importantes dans le cas de système distribués ou parallèles, car plusieurs évènements peuvent s'y dérouler dans le même instant.

L'instantanéité des évènements permet aussi de raffiner les modèles temporels. Si on donnait un temps d'exécution à un événement, la progression du temps ne pourrait pas être raffinée en une progression plus détaillée sans raffiner les variables temporelles. De même pour l'ajout d'un nouvel événement entre le début et la fin d'une opération ayant une durée. Cette difficulté serait contraire à la philosophie de la méthode B évènement qui prône l'utilisation intensive du raffinement. Un exemple de raffinement répété de modèle temporel est donné dans les derniers modèles du chapitre 5.

Nous allons d'abord définir ce que nous entendons par patron. Puis nous présentons notre patron d'agenda absolu puis relatif et enfin notre patron de chronomètre. Ces trois patrons seront appliqués sur un exemple simple qui sera introduit après la définition des patrons.

4.1 Définition et usage des patrons

Un patron est un modèle représentant une solution pré-étudiée et générique à une tâche de conception ou d'étude d'un phénomène.

Un patron devrait être créé lorsque l'on observe des comportements similaires ou des tâches répétitives. Le patron doit alors proposer une solution générique que l'on peut réutiliser dans les différents cas du phénomène identifié. Cette solution est générique mais l'appliquer demande néanmoins un effort car les problèmes considérés font souvent preuve d'une grande variété de forme.

La motivation est de pouvoir faire face efficacement à des situations complexes. Il s'agit aussi de travailler de manière méthodique et de rendre le développement plus systématique. Les avantages attendus sont de travailler plus vite et d'obtenir un résultat de meilleure qualité (moins d'erreur, plus structuré, maintenable et analysable).

Étymologiquement, un patron est un modèle sur lequel on fabrique des objets. Il peut s'agir par exemple d'une partie de vêtement mais aussi d'une forme à peindre ou d'une pièce de bois en lutherie.

Un usage notable des patrons a été fait en 1977 concernant l'architecture (des bâtiments). Le livre [11] propose un vaste catalogue de solutions, à la conception de bâtiments, décrites dans un vocabulaire codifié.

Et bien sûr en informatique, plus précisément dans le domaine de la conception objet, l'usage des *design pattern* (patron de conception) constitue un phénomène important depuis la parution de [25].

En allant plus loin dans la définition des patrons, on peut remarquer qu'ils proposent un niveau d'abstraction supplémentaire par rapport au langage usuel du domaine considéré. Par exemple, dans le monde de la conception objet, on considère des objets appartenant à une certaine classe. Mais quand un développeur applique un patron pour créer ses classes, un autre développeur pourra les reconnaître comme faisant partie de ce patron. Il s'agit bien d'un enrichissement du langage puisque les objets conçus à partir d'un patron auront une signification commune et supplémentaire (à condition, bien sûr, de connaître et de reconnaître le patron). Cette sémantique est donnée dans le document (ou les connaissances) de référence qui décrit le patron.

Ceci est d'autant plus vrai dans le domaine des méthodes formelles puisque la raison d'être des modèles (formels) est de porter une sémantique. En conception objet, les design patterns sont principalement vus comme un couple problème/solution. Il nous semble que, dans notre domaine, parler uniquement de problème est réducteur. Certes nous faisons face à un problème de modélisation mais il est plus juste de parler d'un aspect que l'on souhaite modéliser ou étudier.

En B évènementiel la solution apportée par le patron peut être résumée (du moins son encodage) par un modèle. Il s'agit de donner la forme générale et générique de la solution proposée pour exprimer l'aspect ou le comportement traité par le patron.

Cette expression doit être instanciée pour chaque occurrence d'un aspect identifié dans le système étudié. Le patron formalise un ensemble de concepts qui, ensemble, caractérisent un comportement particulier. Par exemple le comportement d'action-réaction est formé par les aspects d'action, de réaction forte et de réaction faible. Pour plus de détails sur ces patrons voir le chapitre 3 concernant le développement d'une presse mécanique du livre [4] de J-R Abrial.

Mais ce processus ne résume que partiellement le processus qui l'on doit mettre en œuvre pour appliquer un patron. En effet, l'activité d'instanciation du patron sur le problème ne peut se faire que si l'on a bien identifié les comportements du système étudié. La documentation de référence du patron doit aider à cette tâche en décrivant le contexte et les caractéristiques des aspects à identifier.

En B évènementiel, l'introduction d'un nouvel aspect dans un développement prouvé se fait lors d'un raffinement. On fait parfois la distinction entre un raffinement "horizontal" ou "vertical". Un raffinement horizontal superpose un nouveau comportement dans un modèle sans modifier ce qui existait déjà (il n'y a pas de preuve de raffinement à faire). Ce type de raffinement est utilisé pour introduire les spécifications en plusieurs étapes. Alors qu'un raffinement vertical transforme effectivement une donnée ou un évènement, c'est-à-dire que des éléments de la machine abstraite disparaissent (comme des variables, des gardes) et l'on doit montrer que les éléments que l'on a ajoutés simulent le même comportement. Dans ce type de raffinement, les obligations de preuves expriment les raffinements de données ou le passage de la spécification à l'implémentation.

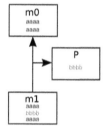

FIG. 4.1 – Schéma de l'utilisation d'un patron

Quand on considère un patron, les éléments que l'on ajoute lors du raffinement sont formalisés par le modèle du patron. On cherche donc à passer d'un modèle m0 à un modèle m1 en utilisant le patron P. Dans le cas d'une spécification initiale qui est directement temporelle, on peut prendre un modèle vide pour m0. Il est intéressant de noter qu'entre m1 et P nous avons aussi une relation de raffinement. Nous avons donc deux relations de raffinement, en pratique les outils logiciels ne sont pas capables de vérifier ce double raffinement. Dans la suite de ce chapitre nous montrerons effectivement la relation de raffinement entre le modèle de l'exemple m1 et le patron P. Mais en général, la relation entre m1 et P est facile à vérifier, il s'agit principalement de renommer les éléments et de les recopier plusieurs fois dans le modèle. C'est pourquoi nous ne détaillerons pas systématiquement et formellement la relation entre les modèles et le patron dans les études de cas. Par contre la relation entre m0 et m1 peut être complexe, car c'est ici que nous allons trouver les obligations de preuves introduisant les démonstrations sur le système étudié.

Il serait possible d'étendre les outils pour prendre en compte le raffinement multiple. Dans le cas général, cela peut être complexe à cause d'éléments partagés entre les modèles abstraits, par contre si tous ces modèles sont indépendants deux à deux (pas de variable, ni d'évènement partagés) alors il s'agit rien de plus qu'une relation de raffinement répétée. De cette manière il est possible d'importer des invariants qui seraient définis au niveau du patron. Il n'y aurait plus besoin de les prouver directement par invariance mais de prouver que l'on raffine correctement le patron, c'est qui est souvent plus simple à réaliser.

Dans nos études de cas, il s'agit de montrer qu'un système temporel implémente correctement une spécification fonctionnelle (non-temporelle). Typiquement les premières machines et raffinements introduisent une spécification non-temporelle (raffinement horizontal), dans ce type de modèles le comportement temporel est exprimé abstraitement. Ensuite cette partie abstraite est supprimée au profit du vrai comportement temporel (raffinement vertical). Dans cette étape de raffinement, les obligations de preuves de raffinement permettent de démontrer la correction du comportement temporel.

4.2 Exemple récurrent

Pour illustrer nos propos, nous allons appliquer tous les patrons de ce chapitre sur le même exemple. Il s'agit d'un modèle simple mettant en jeu une lampe, du type de celle que l'on trouve dans les couloirs, associée à un minuteur qui se charge de l'éteindre après un certain laps de temps. L'état allumé de la lampe est exprimé par une variable de type booléen lo (*Light On*). Un évènement *on* représente l'allumage tandis qu'un évènement *off* représente l'extinction.

```
MACHINE m0
VARIABLES lo
INVARIANTS
   inv1: lo ∈ BOOL
EVENTS
Initialisations ≙ ...
on ≙ ...
off ≙ ...
END //m0
```

Initialement la lampe est éteinte.

```
Initialisations ≙
   Begin
      act1: lo := FALSE
   End
```

A n'importe quel moment on peut actionner le bouton qui allume la lampe (pas de garde).

```
on ≙
   Begin
      act1: lo := TRUE
   End
```

Si la lampe est allumée, le minuteur est susceptible de l'éteindre. Pour le moment nous n'avons pas de contraintes temporelles.

```
off ≙
   When
      grd1: lo = TRUE
   Then
      act1: lo := FALSE
   End
```

Les transitions possibles peuvent se voir dans le graphe de la figure 4.2.

Le modèle ci-dessus ne comporte pas d'argument temporel, il s'agit simplement d'un squelette sur lesquels nous allons appliquer nos patrons. Informellement, la contrainte temporelle à respecter est qu'il faut que l'évènement *off* survienne dans un délai compris entre $c - d$ et $c + d$ unité de temps après l'évènement *on*. Les constantes c et d étant définies dans un contexte avec comme axiome $c - d > 0$. La valeur d est là pour représenter l'imprécision possible du minuteur et c est la durée pendant laquelle on veut que la lampe soit allumée.

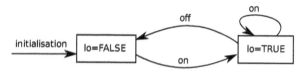

FIG. 4.2 – Graphe de transition de l'exemple

4.3 Encodage des fonctions totales par des variables

Dans les divers patrons décrits dans ce chapitre nous utilisons beaucoup de fonctions totales ayant un domaine fini et de cardinalité constante et connue, par exemple

$$f \in \{a, b, c\} \rightarrow F.$$

En particulier, nous utilisons souvent un ensemble d'identifiants associé aux évènements d'un modèle (il n'est pas possible de faire directement référence à un nom d'évènement dans une modèle B évènementiel).

Ce type de fonctions peut être encodé par plusieurs variables (en fait autant que card(dom(f))). Il est ainsi possible de remplacer les valeurs provenant des applications de la fonction (par exemple $f(a), f(b), f(c)$) par ces variables (par exemple f_a, f_b, f_c). Les expressions plus complexes comme les quantifications peuvent aussi être remplacées en instanciant explicitement la quantification sur tout le domaine. L'intérêt principale de ce raffinement de donnée est de faire disparaitre ces quantifications, il est aussi plus simple de manipuler plusieurs variables qu'une seule fonction (mais moins concis). En particulier cela permettra de simplifier l'évènement *tic* de progression du temps dans le cas du patron d'agenda relatif et de chronomètre. Nous réexpliquerons ce point le cas échéant.

4.4 Patron d'agenda absolu

Nous allons maintenant présenter un patron basé sur l'idée d'un agenda. Le but de ce patron est de représenter et de manipuler ce que nous appelons des agendas d'évènement, c'est à dire des ensembles d'échéances de déclenchement futur pour un évènement particulier. C'est à dire que l'on va prévoir et forcer un évènement à se déclencher à un certain instant dans le déroulement temporel du système.

Nous l'avons nommé ce patron "agenda" puisque il sert à noter la date des évènements. Il est qualifié d'absolu car la valeur repère des valeurs temporelles est le début du système, c'est à dire l'instant où l'évènement d'initialisation se déclenche. Absolu signifie donc que toutes les valeurs temporelles sont relatives à un instant zéro, exactement comme peut l'être une date dans un calendrier. L'instant présent est représenté par la valeur de la variable *now*. Ce choix de valeur absolue facilite l'expression de l'évènement *tic* et les démonstrations qui y sont associées.

Par contre, cela nuit à l'utilisation d'un *model-checker* car les valeurs temporelle manipulées croissent indéfiniment, ce qui induit un nombre infini d'état à vérifier. C'est pourquoi nous proposons dans le section suivante une variante de ce patron qui est adaptée à l'utilisation d'un *model-checker*.

Modèle du patron

Le patron contient une variable *at* (*Activation Time*) qui est une fonction associant à chaque agenda (en fait à un identifiant qui représentera l'évènement concerné par cet agenda) un ensemble d'échéances futures. Cet ensemble d'échéances sont les instants (dans le futur) où l'évènement associé à l'agenda sera déclenché. Nous avons de plus la variable *now* qui est le délai écoulé depuis le déclenchement de l'évènement d'initialisation (c'est donc la valeur de l'instant courant).

Nous trouvons ci-dessous les définitions et invariants du modèle du patron. Il faut de plus considérer un ensemble porteur F défini dans un contexte non représenté ici pour contenir les identifiants des agendas.

MACHINE tp_at
VARIABLES now, at
INVARIANTS
    inv1: $now \in \mathbb{N}$
    inv2: $at \in F \rightarrow \mathbb{P}(\mathbb{N})$
    inv3: $\forall e \cdot e \in dom(at) \land at(e) \neq \varnothing \Rightarrow now \leq min(at(e))$
EVENTS ...

Les deux premiers invariants expriment simplement le typage des variables. Le troisième invariant (*inv3*) montre que toutes les échéances se trouvent dans le futur ou dans l'instant présent.

Dans l'initialisation ci-dessous, *now* se trouve donc logiquement à zéro (la valeur importe peu, on prend zéro par convention), quant aux échéances contenues initialement dans *at* elles sont libres.

Initialisations $\widehat{=}$
  Begin
    act1: $now := 0$
    act2: $at :\in F \rightarrow \mathbb{P}(\mathbb{N})$
  End

Nous avons deux variables qui nous permettent de représenter un certain nombre (éventuellement infini suivant les besoins) d'agendas. Les évènements qui seront ci-dessous permettront de montrer comment le mécanisme temporel est mis en place.

Mais avant cela remarquons qu'un agenda ne peut pas représenter plusieurs échéances dans un seul instant. Nous avons en effet utilisé un ensemble pour contenir ces échéances. Par contre en considérant plusieurs agendas, nous pouvons représenter des évènements qui se déclenchent dans le même instant. On utilisera souvent un agenda pour chaque évènement temporisé, cela ne pose donc pas de problème d'avoir des évènements différents s'exécutant dans le même instant.

Par contre dans le cas d'un système distribué, il est courant qu'un seul évènement représente une action d'une seule entité distribuée. Prenons par exemple des appareils émettant des messages sur un réseau, on peut modéliser cela par un évènement représentant un appareil particulier émettant un message. Dans ce cas, il faut associer un ensemble d'agenda à un seul évènement, chaque agenda représentant les échéances de l'évènement pour un appareil particulier. On peut donc représenter de cette manière les systèmes distribués temporisés.

Évènement de mise à jour de l'agenda L'évènement *set* ci-dessous représente la mise à jour de certains agendas. Cela équivaut à mettre en place par un évènement (celui qui raffine *set*) une contrainte temporelle sur le déroulement d'un autre évènement (celui géré par l'agenda en question).

---

set $\widehat{=}$
  Any e, neat
  Where
    grd1: $e \subseteq dom(at)$
    grd2: $neat \in e \rightarrow \mathbb{P}(\{x | now \leq x\})$
  Then
    act1: $at := at \mathbin{\mkern-4mu\lessdot} neat$
  End

FIG. 4.3 – Illustration de l'action de l'évènement *add* : avant et après

Le paramètre e est l'ensemble des agendas modifiés lors de cette mise à jour (garde *grd1*). Tandis que le paramètre *neat* contient les nouvelles échéances pour les agendas e. Ce paramètre est une fonction totale ayant pour domaine e et qui associe à chaque agenda un ensemble d'échéances dans le futur (garde *grd2*), c'est à dire après *now* ou éventuellement dans l'instant présent. Le nouvel agenda est obtenu en surchargeant l'ancien et *neat*.

Le paramètre e n'est en fait pas indispensable à l'expression de cet évènement mais nous l'utilisons pour plus de clarté, en particulier il pourra servir dans les formules témoins d'un évènement qui raffine *set*.

Cet évènement *set* est assez général et permet n'importe quelle modification (ajout, suppression ou modification) à l'agenda. Il arrivera souvent en pratique que la mise à jour de l'agenda se contente uniquement d'ajouter une ou plusieurs échéances à l'agenda. Dans ce cas, la formulation suivra l'expression donné ci-dessous dans l'évènement *add*.

```
add ≙
    Any a, nat
    Where
        grd1: a ∈ dom(at)
        grd2: nat ∈ ℙ({x|now ≤ x})
    Then
        act1: at(a) := at(a) ∪ nat
    End
```

Dans cette version plus particulière *add* qui ne permet que d'ajouter des échéances, nous avons le paramètre a qui représente l'agenda à traiter et le paramètre *nat* qui contient les nouvelles échéances. L'action n'utilise plus une surcharge mais une union, ce qui est légèrement plus simple à utiliser lors des démonstrations.

La figure 4.3 représente l'ajout d'une nouvelle échéance $nat = \{nt\}$, pour un certain agenda. Les échéances sont représentées par des cercles sur une échelle de temps et l'instant présent est représenté par un trait.

Évènement de déclenchement et d'utilisation de l'agenda L'évènement *use* représente le déclenchement d'un évènement qui est contraint par l'agenda e. Lors du déclenchement l'échéance est enlevée de l'agenda. Cet évènement est prévu pour être raffiné par un évènement du modèle dont on veut exprimer et étudier le comportement temporel.

```
use ≙
    Any e
    Where
        grd1: e ∈ dom(at)
        grd2: now ∈ at(e)
    Then
        act1: at(e) := at(e) \ {now}
    End
```

Le paramètre e est un agenda (première garde *grd1*) dont une des échéance (contenu dans l'ensemble $at(e)$) est égale à l'instant présent (deuxième garde *grd2*). De plus, suivant le troisième invariant (*inv3*) du modèle nous pouvons en déduire qu'une échéance égale à *now* est la plus petite de cet agenda e. Comme nous allons le voir plus en détail dans la section sur la progression du temps, le système doit déclencher les échéances dans l'ordre et

45

FIG. 4.4 – Illustration de l'action de l'évènement *use* : avant et après

FIG. 4.5 – Illustration de l'action de l'évènement *tic* : avant et après

à temps. Les évènements du système étudié qui sont contraints par un agenda intègrent cet évènement *use* plus évidemment les actions sur les variables non-temporelles qui doivent être déclenchées suivant cet agenda. Quand le système l'instant présent *now* a progressé jusqu'à a être arrivé à une échéance, l'évènement contraint est déclenché et le contrainte de temps formé par l'échéance est supprimé de l'agenda. Si d'autres valeurs de l'agenda sont arrivées à échéance dans cet instant, elles déclenchent aussi leurs évènements correspondant jusqu'à que toutes les échéances de cet instant soient consommées. On peut voir dans la figure 4.4 une représentation de cette action, l'échéance x est confondu avec l'instant *now* et est supprimée.

Évènement de progression du temps Quand il n'y a pas ou plus de valeur d'un agenda arrivé à échéance, le temps peut progresser. L'évènement *tic* de progression du temps fait avancer le temps courant *now*.

```
tic ≘
  Any shift
  Where
    grd1: 0 < shift
    grd2: ∀e·e ∈ dom(at) ∧ at(e) ≠ ∅ ⇒ now + shift ≤ min(at(e))
  Then
    act1: now := now + shift
  End
```

Le paramètre *shift* représent le saut dans le temps, c'est une valeur numérique non nulle afin de ne représenter que des progressions effectives du temps.

Toutes les dates de l'agenda sont des bornes supérieures à cette progression du temps. En effet, nous voulons déclencher certains évènements à certaines dates, il faut donc faire des pas de progression du temps suffisamment petits pour ne pas "oublier" des évènements. En fait, forcer le déclenchement d'un évènement à une certaine date revient à bloquer le temps à cette date tant que cet évènement ne s'est pas déclenché. Plus précisément, la progression du temps est limitée à min(ran(*at*)). Lorsque l'évènement est effectivement déclenché (évènement *use*) l'échéance est supprimée, ce qui peut débloquer la progression du temps. Cette manière de faire implique que toutes les valeurs de l'agenda sont dans le futur, ce qui s'exprime dans l'invariant *inv3* du modèle.

Cela peut sembler contre-intuitif de bloquer le temps, et effectivement dans la réalité le temps s'écoule toujours. Mais il faut considérer que forcer une action à se produire à un moment donné, revient à interdire que le temps s'écoule au-delà de ce moment, si l'action n'a pas été réalisée. De plus un modèle représente une spécification de la façon dont les choses sont sensés se dérouler et non pas directement de la réalité, et il faut bien le prendre comme tel : une expression formalisée d'une spécification.

La progression du temps (de la variable *now*) est faite de manière non-déterministe dans l'intervalle formé par *now* (exclu) et min(ran(*at*)). La figure 4.5 illustre graphique cet intervalle par une accolade. Si tous les agendas sont vides, la nouvelle valeur de l'instant présent peut potentiellement devenir n'importe quel instant futur.

Exemple

Pour illustrer ce patron d'agenda en valeur absolue appliquons-le à l'exemple du minuteur. Le modèle m1_at ci-dessous est présenté comme raffinant à la fois m0 (la version non temporisée du modèle de minuteur) et tp_at (le modèle du patron). Évidemment les outils ne gèrent pas un tel double raffinement.

Pour un petit exemple comme celui-ci il est possible d'indiquer un seul raffinement au logiciel et de vérifier l'autre à la main. Pour ce modèle, nous avons vérifié le raffinement de tp_at à l'aide du logiciel. La vérification manuelle du raffinement de m0 consiste simplement à montrer que la garde de off de m1_at implique $lo = TRUE$ (la garde de off de m0).

Il est aussi nécessaire d'ajouter un axiome dans le contexte (non représenté ici) pour contraindre l'ensemble E à l'ensemble $\{o\}$. Cette valeur o sert à identifier l'agenda (c'est à dire $at(o)$) de l'évènement off. Pour cet exemple c'est le seul agenda.

MACHINE m1_at
REFINES m0, tp_at
SEE ...
VARIABLES lo, now, at
INVARIANTS
    inv1: $\exists x \cdot x \in now \mathrel{..} now + c + d \land at(o) \subseteq \{x\}$
    inv2: $lo = FALSE \Leftrightarrow at(o) = \varnothing$
EVENTS
Initialisations $\widehat{=}$ ...
    on $\widehat{=}$ ...
    off $\widehat{=}$ ...
    tic $\widehat{=}$ ...
END //m1_at

Nous pouvons voir dans le modèle deux invariants. Le premier permet de formaliser deux choses en une formule : l'agenda $at(o)$ a pour cardinalité zéro ou un et sa valeur potentielle est comprise entre l'instant courant now et la valeur future $now+c+d$, c étant la durée d'allumage avec une précision de plus ou moins d. Cela se comprend aisément, en effet quand la lampe s'allume elle s'éteindra au maximum dans $c + d$ unité de temps. La borne supérieure de l'agenda est donc $now+c+d$. La borne inférieure est quand à elle now, c'est qui est d'ailleurs le cas pour n'importe quel agenda (voir le modèle du patron d'agenda absolu). Cet invariant est typique des modèles utilisant le patron d'agenda, à partir du moment ou on rajoute une échéance avec une borne constante dans l'agenda il faut l'exprimer dans l'invariant. De même si la cardinalité d'un agenda est connue il est nécessaire de le démontrer en invariant. Une formule tel que le premier invariant permet d'exprimer deux aspects efficacement (de manière à pouvoir utiliser efficacement la formule dans les démonstrations).

Le deuxième invariant exprime la relation entre l'agenda et la variable non temporelle du modèle. C'est aussi un aspect typique des invariants de nos modèles car a priori tous les évènements temporisés ont un effet sur les variables du modèle (sinon leur utilité est faible) et c'est aussi une information qu'il faut nécessairement retrouver dans l'invariant. Évidemment la forme précise de l'invariant varie suivant le modèle. Ici nous avons une équivalence entre la vacuité de l'agenda et le fait que la lampe est éteinte. Ce qui implique donc l'équivalence entre la présence d'une échéance dans l'agenda de *off* et le fait que la lampe est allumée

Il ne faut pas oublier que lors du raffinement on conserve les invariants abstraits, on a donc aussi le droit d'utiliser l'invariant inv3 du patron *tp_at*.

L'initialisation est prévisible avec la lampe éteinte, un temps courant égal à zéro et pas de valeurs dans l'agenda o de *off*.

```
Initialisations ≙
  Begin
    act1: lo := FALSE
    act2: now := 0
    act3: at := {o ↦ ∅}
  End
```

On retrouve dans l'évènement on la première action *act1* qui provient de l'évènement *on* du modèle *m0* non temporisé de l'exemple. On trouve de plus la deuxième action *act2* qui met en place une échéance $now + dc$ dans l'agenda de *off*. Cette valeur dc est prise entre $c - d$ et $c + d$ pour programmer l'extinction de la lampe dans c unités de temps plus ou moins d. C'est cette valeur qui va contraindre le temps s'écoulant entre *on* et *off*.

Il faut noter que l'événement *on* peut se déclencher avant la survenue de *off*, ce qui affecte de nouveau une valeur dans l'agenda de *off*.

La valeur mise dans l'agenda est choisie de manière non déterministe dans un certain intervalle, mais ce non déterminisme n'existe pas dans la valeur prise dans l'agenda qui contient bien le moment exact où la lampe est programmée pour s'éteindre.

On peut aussi remarquer que les formules témoins qui paramètrent en quelque sorte le raffinement du patron et indiquent quels agendas se sont vus modifiés (la valeur de *e*) avec quelles valeurs (les valeurs dans *neat*).

```
on ≙
  Refines on, set
  Any dc
  Where
    grd1: dc ∈ c − d .. c + d
  With
    neat: neat = {o ↦ {now + dc}}
    e: e = {o}
  Then
    act1: lo := TRUE
    act2: at(o) := {now + dc}
  End
```

L'extinction de la lumière (évènement *off*) se déclenche uniquement quand l'instant courant *now* est dans l'agenda de l'évènement de ce même évènement. C'est à dire qu'on est arrivé au moment où une valeur de l'agenda de *off* est arrivée à échéance.

Par conséquent on peut dans la première action *act1* éteindre la lampe. Il est aussi nécessaire de retirer l'échéance présente de l'agenda conformément à l'évènement *use* du patron (que l'on raffine dans cet évènement). On peut d'ailleurs remarquer la formule témoin qui précise quels agendas l'évènement utilise (la valeur de *e*).

Concernant le raffinement de l'évènement *off* provenant de *m0* la garde abstraite a été supprimé. En effet on peut complètement remplacer la garde abstraite (le faite que la lampe est allumée) par le mécanisme de l'agenda. Plus précisément c'est le deuxième invariant qui permet de montrer que $lo := TRUE$.

Le patron d'agenda est modèle du temps assez fort car on est capable de distinguer précisément à l'aide des informations temporelles les cas où l'évènement *off* est en attente de déclenchement (lampe allumée) avec la valeur précise de ce déclenchement et le cas ou la lampe est éteinte. Nous verrons dans le patron de chronomètres que ça n'est pas forcement le cas.

```
off ≙
  Refines off, use
  When
    grd2: now ∈ at(o)
  With
    e: e = o
  Then
    act1: lo := FALSE
    act2: at(o) := at(o) \ {now}
  End
```

Dans ce patron, l'évènement *tic* du progression du temps est complètement conforme à celui du patron et nous n'avons pas besoin d'apporter des modifications.

```
tic ≙
  Refines tic
  Any shift
  Where
    grd1: 0 < shift
    grd2: ∀e·e ∈ dom(at) ∧ at(e) ≠ ∅ ⇒ now + shift ≤ min(at(e))
  Then
    act1: now := now + shift
  End
```

Comme dans les autres patrons, que nous allons voir dans la suite, il serait possible de simplifier l'agenda *at* en raffinant cette fonction par un ensemble *at_o*. L'expression *at(o)* serait remplacée par *at_o* et la deuxième garde pourrait être simplifiée par

$$at\_o ≠ ∅ ⇒ now + shift ≤ min(at\_o).$$

Cela dit, dans ce cas le bénéfice de ce raffinement de donnée n'est pas très intéressant.

4.5   Patron d'agenda relatif

Le patron d'agenda utilise une variable (*now*) pour spécifier le temps courant du système, ceci permet à l'évènement *tic* d'avoir une forme très simple : il suffit d'incrémenter *now* pour représenter le passage du temps. Cette variable augmente donc indéfiniment et, en cas d'utilisation d'un *model-checker*, cela pose problème puisque le nombre d'état est infini rien qu'à cause de cette variable. Pour éviter d'introduire systématiquement des états différents à cause de *now*, on peut supprimer cette variable du modèle et remplacer l'agenda absolu *at* par un agenda relatif *rat* (*Relative Activation Time*). Nous l'avons qualifié de relatif car les dates contenues dans l'agenda utilisent le temps courant comme repère plutôt que l'initialisation du système. De plus les systèmes sensibles au temps ont la plupart du temps un comportement périodique, au moins au niveau de leur constituant. Il existe donc souvent une symétrie par translation dans les valeurs temporelles. Utiliser un agenda avec des valeurs relatives au temps courant permet de profiter de cette symétrie.

Cette version de l'agenda est équivalente à la version absolue, c'est à dire qu'en considérant la formule

$$∀e·e ∈ dom(at) ⇒ (∀x·x ∈ rat(e) ⇔ x + now ∈ at(e))$$

on peut réécrire les patrons de l'un vers l'autre et vice-versa. Nous avons d'ailleurs prouvé le raffinement dans les deux sens entre les deux versions.

Ces nouvelles valeurs peuvent être vues comme des comptes-à-rebours avant le déclenchement des évènements associés. Comme toutes les valeurs ont pour repère le temps courant *now*, cette variable n'est plus utile : le temps courant est simplement zéro. L'évènement *tic* de passage du temps s'en trouve modifié, il faut en effet faire décroître toutes les valeurs de *rat* pour représenter le passage du temps.

Modèle du Patron Le modèle du patron est similaire à celui de l'agenda, avec évidemment les conséquences de la modification expliquée ci-dessus. La variable *now* disparait et est remplacée par 0 si nécessaire. L'agenda *at* est replacé par l'agenda relatif *rat*. Au niveau de l'invariant, il suffit maintenant de prendre le co-domaine de *rat* dans les entiers positifs pour s'assurer que les date de l'agenda sont dans le futur. Et de manière similaire on retrouve les trois évènements qui composaient le modèle du patron d'agenda absolu.

```
MACHINE tp_rat
SEE tp_c0
VARIABLES rat
INVARIANTS
 inv1: rat ∈ E → ℙ(ℕ)
EVENTS
Initialisations ≙ ...
set ≙ ...
use ≙ ...
tic ≙ ...
END //tp_rat
```

L'initialisation des valeurs est libre.

```
Initialisations ≙
 Begin
  act1: rat :∈ E → ℙ(ℕ)
 End
```

Pour ajouter, modifier ou remplacer des dates de l'agenda sur un ensemble e d'identifiant d'évènements on dispose des nouvelles valeurs *nerta* qui sont surchargées sur l'agenda.

```
set ≙
 Any e,nerat
 Where
  grd1: e ⊆ dom(rat)
  grd2: nerat ∈ e → ℙ(ℕ₁)
 Then
  act1: rat := rat ⩤ nerat
 End
```

Quand le compte-à-rebours d'une date de l'agenda arrive à zéro on peut déclencher l'évènement associé et supprimer cette valeur de l'agenda.

```
use ≙
 Any e
 Where
  grd1: e ∈ dom(rat)
  grd2: 0 ∈ rat(e)
 Then
  act1: rat(e) := rat(e) \ {0}
 End
```

Le passage du temps a pour effet de décroitre les valeurs de l'agenda. Pour exprimer cela on utilise la fonction *adds* qui prend en entier en paramètre et renvoie une fonction incrémentant toutes les valeurs d'un ensemble par cet entier, par exemple $adds(2)(\{1,3\}) = \{3,5\}$ (voir la définition ci-après).

```
tic ≙
  Any shift
  Where
    grd1: 0 < shift
    grd2: ∀e·e ∈ dom(rat) ∧ rat(e) ≠ ∅ ⇒ shift ≤ min(rat(e))
  Then
    act1: rat := rat; adds(−shift)
  End
```

La fonction *adds* est définie par les axiomes suivants :

```
CONSTANTS adds
AXIOMS
  axm4: adds ∈ ℤ → (ℙ(ℤ) → ℙ(ℤ))
  axm5: ∀as, bs, c·as ⊆ ℤ ∧ bs ⊆ ℤ ∧ c ∈ ℤ
        ⇒(as ↦ bs ∈ adds(c) ⇔ (∀a·a ∈ as ⇔ a + c ∈ bs))
```

4.6   Exemple

Notre exemple courant peut ainsi être réécrit de la manière exposée ci-dessous. On peut vérifier que les propriétés en invariants sont les mêmes, modulo la réécriture entre *at* et *rat*. Et, contrairement à la version en valeurs absolue, ce modèle possède un nombre d'état finis, à condition bien sûr, de donner une valeur aux constantes c et d.

```
MACHINE m1_rat
REFINES m0, tp_rat
SEE . . .
VARIABLES lo, rat_o
INVARIANTS
  inv1: rat_o ∈ ℙ(ℕ)
  inv2: rat = {o ↦ rat_o}
  inv3: ∃x·x ∈ 0 .. c + d ∧ rat_o ⊆ {x}
  inv4: lo = FALSE ⇔ rat_o = ∅
```

Les invariants *inv3* et *inv4* sont les mêmes que dans l'exemple avec le patron en valeurs absolues. Mais nous avons appliqué la simplification des fonctions totales qui consiste pour ces expressions à remplacer *rat(o)* par *rat_o*. Cette simplification est un raffinement de données et les invariants *inv1* et *inv2* expriment cela. Le premier invariant introduit le type de la nouvelle variable *rat_o* qui nous servira d'agenda et le deuxième exprime que l'intégralité de l'agenda (*rat*) se retrouve dans le couple $o \mapsto rat\_o$.

On retrouve les mêmes évènements listés ci-dessous.

```
EVENTS
Initialisations ≙ . . .
on ≙ . . .
off ≙ . . .
tic ≙ . . .
END //m1_rat
```

L'initiation précise dans sa formule témoin le lien entre la valeur d'initialisation abstraite *rat′* et la valeur d'initialisation concrète $\{o \mapsto rat\_o'\}$. L'ensemble *rat_o′* recevant la valeur ensemble vide car, la lampe étant éteinte, il n'y a pas d'extinction de planifiée.

```
Initialisations ≙
  With
    rat': rat' = {o ↦ rat_o'}
  Begin
    act1: lo := FALSE
    act3: rat_o := ∅
  End
```

Dans cette version à valeur relative, la variable *now* a disparu, l'échéance mise en place est *dc* à la place de *now + dc*.

```
on ≙
  Refines on, set
  Any dc
  Where
    grd1: dc ∈ c − d .. c + d
  With
    e: e = {o}
    nerat: nerat = {o ↦ {dc}}
  Then
    act1: lo := TRUE
    act2: rat_o := {dc}
  End
```

De même, la garde *now* ∈ *rat(o)* est remplacée par 0 ∈ *rat(o)* avec en plus l'équivalence *at(o)* = *at_o*.

```
off ≙
  Refines off, use
  When
    grd1: 0 ∈ rat_o
  With
    e: e = o
  Then
    act1: lo := FALSE
    act2: rat_o := rat_o \ {0}
  End
```

Dans le patron version absolue l'évènement *tic* de progression du temps réduisait l'écart entre l'instant courant *now* et les échéances des agendas en incrémentant *now*. Maintenant les échéances sont directement décrémentées, c'est principalement ce comportement qui permet de réduire le nombre d'état lors du *model-checking*.

C'est ici que l'intérêt de la simplification *at(o)* = *at_o* apparait, en effet disposer directement d'une variable pour un agenda permet de se dispenser de la fonction *adds* pour décrémenter les valeurs d'un ensemble. Cette fonction est nécessaire pour l'expression générale du patron, mais dans le cas d'un nombre fini (ici un seul) d'agenda on peut la remplacer par une expression avec un ensemble par compréhension. Cette expression est plus simple à utiliser lors des démonstrations car plus directe.

```
tic ≙
  Refines tic
  Any shift
  Where
    grd1: 0 < shift
    grd3: rat_o ≠ ∅ ⇒ shift ≤ min(rat_o)
  Then
    act1: rat_o := {x·x ∈ rat_o|x − shift}
  End
```

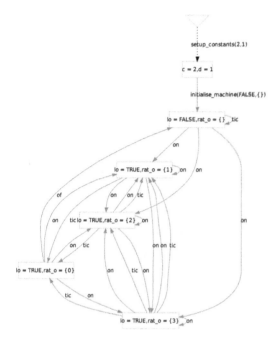

FIG. 4.6 – Graphe de transition de l'exemple du minuteur avec $c = 2$ et $d = 1$ appliquant le patron d'agenda relatif.

Dans la figure 4.6 on peut voir un graphe de transition généré par le *model-checker* ProB sur cet exemple. Les paramètres temporels c et d doivent évidement être instanciés à une valeur précise. Nous avons choisi ici des valeurs très basses pour obtenir une représentation lisible avec peu d'états. On peut voir les états du système dans les rectangles et les transitions représentées par les flèches.

4.7 Patron de chronomètres

Ce patron s'attache à dégager l'élément central nécessaire à l'étude des propriétés temporelles quantitatives. Pour cela nous nous concentrons sur la durée qui s'est écoulée depuis le dernier déclenchement d'un évènement. Le but étant de pouvoir quantifier la durée entre le déclenchement de deux évènements.

Par analogie, nous allons appeler cette donnée le chronomètre d'un évènement. Elle a des similarités avec les horloges des automates temporisés. Mais nous avons choisi le terme chronomètre car cette donnée est remise à zéro lors du déclenchement de l'évènement surveillé, alors qu'une horloge n'est à priori jamais remise à zéro.

4.7.1 Modèle du patron

Nous avons en effet besoin d'un modèle qui représentera le phénomène du temps et de son écoulement. Plus précisément, nous allons considérer un ensemble de valeurs s'incrémentant de manière uniforme avec le passage du temps et pouvant être remise à zéro individuellement.

Le patron un modèle *tp_s* (*Time Pattern Since*) présentant une variable *s* (*Since*) qui est une fonction totale d'un ensemble E vers les entiers. Les valeurs de l'ensemble E servent d'identifiants pour les chronomètres associés aux évènements.

```
MACHINE tp_s
VARIABLES s
INVARIANTS
   inv1: s ∈ E → ℕ
EVENTS
Initialisations ≙ ...
reset ≙ ...
tic ≙ ...
END //tp_s
```

Le modèle possède deux évènements en plus de l'initialisation que nous détaillons ci-dessous.

```
Initialisations ≙
   Begin
      act1: s :∈ E → ℕ
   End
```

On remarquera que la valeur initiale des chronomètres est prise sans contrainte dans l'ensemble des entiers positifs. Nous avons ensuite l'évènement représentant la remise à zéro d'un chronomètre particulier.

```
reset ≙
   Any e
   Where
      grd1: e ∈ E
   Then
      act1: s(e) := 0
   End
```

Et enfin, l'évènement représentant la progression du temps.

```
tic ≙
   Any shift
   Where
      grd1: 0 < shift
   Then
      act1: s := \{e \cdot e \in E | e \mapsto s(e) + shift\}
   End
```

Cet évènement incrémente la valeur de tous les chronomètres par une valeur *shift* non nulle.

4.7.2 Raffiner le patron pour le modèle cible

Le modèle du patron ne constitue que partiellement le patron. En effet, ce modèle va être utilisé d'une manière précise et cette méthode d'utilisation fait aussi partie du patron. Comme nous l'avons déjà dit, l'idée de base est de considérer la durée s'étant écoulée depuis le dernier déclenchement d'un évènement. Pour cela, nous allons superposer au modèle à étudier une version raffinée du patron. Pour tout évènement chronométré on va lui superposer l'évènement *reset* du patron en raffinant la variable *e* par un identifiant représentant l'évènement.

Exemple : On prend comme modèle à étudier l'exemple de la lampe de ce chapitre. Le seul évènement que l'on veut chronométrer est *on*, le résultat de l'application du patron est donné ci-dessous.

```
on ≙
  Refines on,reset
  With
    e: e = o
  Begin
    act1: lo := TRUE
    act2: s(o) := 0
  End
```

Il faut répéter cette opération de superposition pour chaque évènement que l'on veut chronométrer. Ainsi l'ensemble E doit contenir des identifiants en bijection avec les évènements étudiés.

Enfin il convient d'insérer tel quel l'évènement tic du patron.

Nous avons ainsi superposé dans le modèle à étudier les éléments nécessaires pour représenter des contraintes et des propriétés temporelles (que nous ajouterons par la suite). Mais auparavant, nous pouvons apporter une simplification sous la forme d'un raffinement de données.

En effet, une variable fonction totale (par exemple $f \in E \to F$) ayant pour domaine un ensemble fini, de cardinalité n constante et connue peut être remplacée par n variables (distinctes). Il suffit pour cela de remplacer les termes de la forme $f(x)$, avec $x \in E$, par un variable que l'on appellera par convention f_x (qui doit évidement ne pas déjà être une variable libre). De plus cela permet de simplifier l'expression de l'incrémentation dans l'évènement tic.

Dans notre exemple les deux évènements deviennent :

```
on ≙
  Refines on,reset
  With
    e: e = o
  Begin
    act1: lo := TRUE
    act2: s_o := 0
  End
```

```
tic ≙
  Refines tic
  Any shift
  Where
    grd1: 0 < shift
  Then
    act1: s_o := s_o + shift
  End
```

Il faut aussi ajouter l'invariant de typage et de collage

```
inv2: s_o ∈ ℕ
inv5: s = {o ↦ s_o}
```

Remarquons que si la cardinalité de E est n on aurait n lignes similaires à $act1$ dans l'évènement tic.

Nous faisons systématiquement ce raffinement après l'application du patron car un ensemble fini de variables est plus simple à manipuler qu'une fonction, en particulier au niveau de l'évènement tic (les preuves associées à tic peuvent être nombreuses). Notons que ce raffinement de données ne transforme pas le comportement du système.

De manière plus anecdotique, le paramètre $shift$ de l'évènement de progression du temps peut être raffiné par la constante 1.

Ceci clôt le volet de l'insertion du patron, nous avons inséré dans le modèle un modèle du temps mais nous n'avons pas encore ajouté de réel comportement temporel au système, nous n'avons pour le moment que la structure pour le faire.

4.7.3 Représentation des contraintes temporelles

Nous allons ajouter des contraintes sur la durée qui doit s'écouler entre deux déclenchements d'évènements. Et ceci est possible entre deux évènements différents ou pour le même évènement cela ne change rien à la méthode.

Borne supérieure bloquante

Considérons un premier cas (le plus compliqué) : nous voulons forcer la durée d entre deux évènements e et f à être inférieur à une certaine valeur v. Notons bien qu'il s'agit d'une obligation pour le déclenchement de l'évènement f et non pas d'une permission. L'évènement e n'est pas impacté, il sert juste de repère temporel et l'on doit disposer d'un chronomètre s_e (*Since E*) sur cet évènement. Dans ce cas là, il s'agit d'une borne supérieure sur la durée d. Pour représenter cette borne supérieure dans le modèle, nous allons placer une contrainte sur la progression du temps (c'est à dire l'évènement *tic*). L'idée est que dire qu'un évènement doit se produire avant un moment donné, revient à dire que le temps ne doit pas s'écouler au delà de ce moment tant que l'évènement n'a pas été exécuté.

Pour bloquer la progression du temps il faut placer une borne supérieure sur la valeur *shift*. Rappelons que l'évènement *tic* de progression du temps incrémente tous les chronomètres par une valeur *shift* non nulle. Si on veut limiter le delai d à une valeur a, il faut alors que $shift \leq a - d$, de manière équivalente $d + shift \leq a$. En fait le délai d est donné par le chronomètre s_e .

Mais cette limitation de *shift* ne doit intervenir que lorsque l'évènement f peut se déclencher ; c'est à dire lorsque sa garde G est vrai. Finalement nous devons donc ajouter en tant que garde de *tic* le prédicat

$$G \Rightarrow s\_e + shift \leq a.$$

Exemple : Dans notre exemple de lampe, nous voulons que la lampe soit éteinte après un délai dans l'intervalle $c - d \mathrel{..} c + d$. Pour le moment, nous allons seulement considérer l'obligation pour la lampe d'être éteinte après $c + d$ unités de temps. La garde de l'évènement *off* qui éteint la lampe est $lo = TRUE$ et le chronomètre de l'évènement *on* qui l'allume est s_o ; il faut donc ajouter la garde $grd2$ à *tic*, voir ci-dessous.

```
tic ≙
   Refines tic
   Any shift
   Where
     grd1: 0 < shift
     grd2: lo = TRUE ⇒ s_o + shift ≤ c + d
   Then
     act1: s_o := s_o + shift
   End
```

Il est possible que nous ayons besoin de considérer non pas un chronomètre par évènement mais un ensemble de chronomètres par évènement. Par exemple dans le cas d'un système distribué si l'évènement représente une action que réalise tout un ensemble d'appareils distribués alors il faut bien considérer un chronomètre pour chaque système en particulier. Formellement on peut donc associe le chronomètre à l'évènement paramétré par une variable qui représente l'entité distribuée.

Borne inférieure

Notre deuxième cas est un borne inférieure b sur le délai entre le déclenchement d'un évènement e et f. La solution est simple, il suffit d'ajouter une garde $b \leq s\_e$ dans f.

Exemple : La lampe peut s'éteindre à partir de $c - d$ unités de temps, on ajoute donc la garde *grd2* dans *off*.

```
off ≙
  When
    grd1: lo = TRUE
    grd2: c − d ≤ s_o
  Then
    act1: lo := FALSE
  End
```

4.7.4 Représentation des propriétés temporelles

Nous avons maintenant défini comment obtenir une machine contenant un modèle du temps et des contraintes temporelles. Le dernier volet de l'application du patron consiste à écrire les propriétés du système que l'on veut vérifier sous la forme d'un invariant. Pour cela nous pouvons utiliser les valeurs des chronomètres pour décrire les propriétés que nous voulons. Celles-ci dépendent du système, et l'on peut utiliser toutes expressions arithmétiques nécessaires légales en B évènementiel pour les exprimer.

On peut aussi remarquer que les bornes supérieures des contraintes temporelles, celles qui apparaissent dans la garde de *tic*, mènent systématiquement à une clause d'invariant. En effet, en considérant un chronomètre s_e (d'un évènement e avec une garde G) avec une borne supérieure a, nous avons systématiquement en invariant :

$$G \Rightarrow s\_e \leq a$$

Cela se vérifie aisément au vue de la forme des gardes de *tic*.

Exemple : Dans l'exemple de la lampe, nous trouvons d'abord l'invariant tel que décrit ci dessous puis un autre concernant la borne inférieure.

```
inv3: lo = TRUE ⇒ s_o ≤ c + d
inv4: lo = FALSE ⇒ c − d ≤ s_o
```

Il faut noter qu'un invariant comme inv4 n'est pas systématiquement valide.

De plus, lors de la conception du modèle il faut prendre garde à l'initialisation. En effet le concept des chronomètres sous-entend que dans tous les états du système, tous les évènements se sont déclenchés dans le passé et on connait la durée depuis laquelle cela s'est produit. Évidemment ce n'est pas le cas lors de l'initialisation, il faut donc donner une valeur artificielle aux chronomètres de manière à respecter l'invariant. Si on veut éviter d'avoir à considérer ce cas d'initialisation, il est possible d'utiliser un type plus complexe que les entiers où l'on pourrait avoir une valeur spéciale indiquant que l'évènement ne s'est jamais déclenché dans le passé. Toutefois le recours à ce type d'expression complexifie le modèle et ne justifie pas systématiquement. De plus rappelons que l'initialisation est surtout là pour démontrer qu'il existe un état initial qui respecte l'invariant.

Exemple : pour l'initialisation de l'exemple, comme le système commence avec la lampe éteinte il faut prendre une valeur pour le chronomètre après la borne supérieur du délai d'extinction.

```
Initialisations ≙
  With
    s': s′ = {o ↦ c + d + 1}
  Begin
    act1: lo := FALSE
    act2: s_o := c + d + 1
  End
```

4.8   Conclusion

Dans ce chapitre nous avons défini notre point de vue sur les patrons et donné en exemple trois patrons servant à aider à la modélisation de systèmes temporels. Nous pensons que ces exemples montrent l'intérêt de capitaliser l'expérience obtenue en modélisant et prouvant des systèmes. Ces patrons sont à prendre comme le fruit d'expérimentations sur des études de cas et nous espérons qu'ils permettront à d'autres personnes d'accélérer leurs études de systèmes temporisés.

Les deux concepts (en regroupant les variantes de l'agenda relatif et absolu) que nous avons défini sont complémentaires, en effet, le patron d'agenda permet de contraindre fortement le déroulement d'un système dans le temps tandis que le patron de chronomètre superpose des contraintes temporelles de manière plus lâche sur le comportement sur système.

Chapitre 5

Étude de la résolution de la contention

5.1 Introduction

Nous présentons ici un modèle du protocole *IEEE 1394 Root Contention Protocol* (RCP) avec une démonstration des ses propriétés de sureté et temporelles (quantitatives).

Nous allons utiliser notre patron dit d'agenda en valeurs absolues pour introduire de manière incrémentale les propriétés temporelles de RCP.

Le protocole normé *FireWire* (IEEE 1394) est une norme créée pour gérer la communication entre des périphériques informatiques. Ce protocole permet de connecter tout un ensemble de matériels entre eux. Chaque nœud du réseau ainsi constitué peut être directement relié à plusieurs autres à la manière d'un *switch*. Le réseau peut donc avoir une topologie libre selon le branchement que réalise l'utilisateur, la seule limitation topologique est qu'il est interdit de former des boucles. À noter qu'un ordinateur de bureau est considéré comme un périphérique comme les autres. Le protocole est utilisé dans de nombreux périphériques et ordinateurs du commerce. L'utilisateur de ce système n'a pas à réaliser la configuration du réseau, les périphériques doivent être capables de se configurer de manière autonome. Pour cela, une phase d'initialisation du réseau (appelée *Bus Reset*) est lancée dès qu'un ou plusieurs périphériques sont branchés ou débranchés, cette phase d'initialisation a pour but «d'élire» un périphérique dirigeant unique qui servira à réguler le réseau. Le sujet qui nous intéresse ici est cette phase d'initialisation. Algorithmiquement, cela correspond à trouver un arbre enraciné, la racine étant le dirigeant, au sein d'un graphe non-orienté acyclique.

La phase d'élection du dirigeant, *Tree Indentify Protocol* dans la norme, se réalise par soumission des nœuds, chaque nœud «feuille» dans le graphe, c'est-à-dire relié à un seul autre périphérique, décide qu'il ne sera pas le dirigeant et transmet sa décision de subordination à son unique voisin. Ensuite on considère qu'un nœud soumis ne fait plus partie du réseau actif pour l'algorithme et la procédure se poursuit en vague jusqu'à ce qu'il ne reste plus qu'un nœud et c'est alors lui, le dirigeant du réseau.

En effet, il se peut que les messages de soumission des deux derniers nœuds se croisent dans la liaison auquel cas l'élection ne peut pas se faire. Le protocole *Remote Contention Protocol* (RCP) de détection et de résolution est alors appliquée pour ce cas dit de contention. Ce protocole fait appel à des mécanismes temps-réel, que nous allons modéliser.

Un développement prouvé sur un modèle (raffiné) du *Tree Indentify Protocol* dépourvu de contraintes temporelles (c'est à dire avec la phase RCP traitée de manière abstraite) a déjà été réalisé avec la méthode B évènementielle par J.-R. Abrial, D. Cansell et D. Méry [7, 8].

5.2 Contention

Le problème de la contention est lié au décalage existant entre le moment où le message de soumission est parti et le moment où il arrive. Puisque, en pratique, les communications sont asynchrones.

Si la contention est détectée dans le système, elle ne peut que concerner deux nœuds. Ceci est montré dans [7, 8]

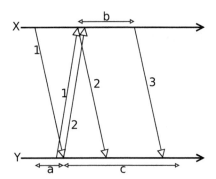

FIG. 5.1 – Échanges de message entre X et Y pendant la contention. On peut observer en *1* la propagation du signal de soumission et en *2* son retrait. En *a* la contention peut apparaître. Le temps d'attente court est *b*, le long est *c*. Enfin en *3* le message réglant la contention.

Pour que cela soit possible, les deux périphériques tirent un temps d'attente au hasard parmi deux possibles : un court et un long. Les messages ne peuvent être envoyés tant que les périphériques sont en attente. Si les deux nœuds choisissent le même temps, qu'il soit court ou long, la même situation se reproduit, le problème est détecté et une nouvelle itération est déclenchée. Il faut que les deux temps choisis soient différents pour que l'algorithme aboutisse et discrimine un dirigeant. Le dirigeant sera celui qui a tiré le temps le plus long, et pour cela il faut que ce temps soit suffisamment long pour que l'autre machine puisse venir à bout de son temps court, envoyer son message et que le message arrive à l'autre périphérique. Quand l'autre machine sort de son temps d'attente long, elle ne peut que constater la soumission et est ainsi forcée à devenir dirigeant. Vous pouvez vous référer à la figure 5.1 page 60. Les sections suivantes vont modéliser ces mécanismes formellement.

Nous n'avons pas besoin dans notre étude de prendre en compte l'équiprobabilité dans le tirage des délais, nous remplaçons donc le tirage aléatoire par le non-déterminisme. Les erreurs de transmissions ne sont pas non plus modélisées. Notons que les périphériques, à ce stade du protocole, communiquent par signaux continus et non pas par paquets.

5.3 Développement

5.3.1 Spécification de l'élection

Ce premier modèle est la spécification la plus abstraite de notre système. Le comportement général est de choisir (élire) un appareil dans l'ensemble N des deux appareils en contentions $N = \{a, b\}$. L'unique variable *leader* est un sous-ensemble de N et contient les appareils élus. L'invariant crucial pour la sureté du système est que l'on ne peut pas choisir deux appareils

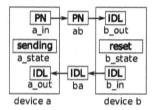

FIG. 5.2 – Appareils et canaux

mais seulement un seul : *leader* est égale à {*a*} ou {*b*} ou ∅ :

$$leader = \varnothing \vee leader = \{a\} \vee leader = \{b\}.$$

Bien sûr, à l'initialisation la variable *leader* est égale à ∅.

Finalement, les transitions du systèmes sont données par l'évènement *accept* :

```
accept ≙
  Any x
  Where
    grd1: x ∈ N
    grd2: leader = ∅
  Then
    act1: leader := {x}
  End
```

Cet évènement se produit quand aucun appareil n'est élu ; *accept* en choisit un. Après cela, la garde est toujours fausse, d'autres transitions ne sont donc pas possibles. Tous les modèles que nous allons introduire devront raffiner ce comportement.

5.3.2 Canaux et appareils

Nous allons maintenant introduire, par un raffinement, l'état local des deux appareils *a* et *b* et deux canaux de communications entre ces appareils. La plupart des comportements que l'on veut étudier sur ce système pourront déjà être introduits dans ce modèle, mais nous n'allons pas déjà quantifier les aspects temporels. Les communications sont, bien sûr, asynchrones.En d'autres termes, un signal partant de *a* n'arrive pas instantanément à *b*, d'autres évènements peuvent survenir avant.

Le système peut progresser de deux manières : si seulement un signal est envoyé, un dirigeant va être élu directement ; si deux signaux se croisent, la contention apparaît. Dans cette situation, discriminer un appareil est impossible, les appareils vont commencer par arrêter d'émettre leurs signaux.

Soit deux appareils distincts *x* et *y*, les comportements possibles sont : soit *x* émet un signal et *y* l'accepte ; soit *x* émet un signal et *y* aussi, dans ce dernier cas le processus reprend.

SIGNALS sera l'ensemble des signaux dont disposent les appareils pour communiquer, *SIGNALS* = {*IDL, PN*}. *IDL* est le signal au repos, le signal *PN* (*Parent Notify*) exprime que l'émetteur du signal élit le récepteur du signal.

Nous avons 4 différents états dans l'ensemble *STATES*. Chaque appareil possédera un état à un moment donné : *reset* au démarrage ; *sending* quand l'appareil envoie le signal *PN* ; *sleeping* quand il attend avant de ré-émettre ; *accepting* quand il est devenu le dirigeant.

Dans le processus de raffinement, la variable *leader* disparaît et nous ajoutons 9 nouvelles variables : *a_state* et *b_state* pour les deux appareils et trois variables pour chaque canal de communication *a_in*, *ab*, *b_out* and *b_in*, *ba*, *a_out*. Le nom de ces variables est choisi par rapport aux canaux et non par rapport aux variables. a_in est donc la variable représentant l'entrée du canal de a vers b. Nous avons besoin de trois variables par canal car cela permet de représenter la communication asynchrone en considérant qu'il n'y aura pas plus de deux changements de signaux au même moment. Ces trois variables se comportent comme une file «premier arrivé, premier sorti». Finalement, la variable $case$ sera utile pour discriminer une condition dans l'invariant mais ne jouera pas de rôle dans le comportement du système (elle n'apparaît dans aucune garde). La représentation graphique de la figure 5.2 montre, en tant qu'exemple, l'état du système à la première émission d'un signal PN.

Invariant

Comme toujours, nous commençons par l'invariant de typage :

$$a\_in, b\_in, a\_out, b\_out, ab, ba$$
$$\in$$
$$SIGNALS \times SIGNALS \times SIGNALS \times SIGNALS \times SIGNALS \times SIGNALS$$

$$a\_state, b\_state \in STATES \times STATES$$

$$case \in \mathrm{BOOL} \wedge$$

Comme nous avons réalisé un raffinement de données en supprimant la variable $leader$ du premier modèle, il faut donner un invariant de «collage» qui exprime les liens entre cette variable et les nouvelles. Nous avons en particulier :

$$a\_state = accepting \Leftrightarrow leader = \{a\}$$

et

$$(PN \in \{a\_in, ab, b\_out\} \wedge PN \in \{b\_in, ba, a\_out\}) \Rightarrow leader = \varnothing$$

Notons que le booléen $case$ est vrai si et seulement si un des appareils est dans l'état $sending$ et que l'autre dans l'état $sleeping$. L'appareil actuellement $sending$ était juste auparavant $sleeping$. Autrement dit, $case$ discrimine l'état où l'un des appareils a déjà essayé de ré-émettre et pas l'autre, ce que nous pouvons voir dans les évènements.

Évènements

Nous avons ici quatre genres d'évènements : $send$, $pass$, $accept$ et $sleep$. Le système est totalement symétrique entre l'appareil a et l'appareil b. Nous allons donc seulement décrire la partie concernant de a.

---
init $\widehat{=}$
  Begin
    act1: $a\_in, b\_in, a\_out, b\_out, ab, ba := IDL, IDL, IDL, IDL, IDL, IDL$
    act2: $a\_state, b\_state := reset, reset$
    act3: $case := \mathrm{FALSE}$
  End

```
a_send ≙
  When
    grd1: a_state = reset
    grd2: a_out = IDL
  Then
    act1: a_state := sending
    act2: a_in := PN
    act3: ab := PN
  End
b_send ≙ ...
```

```
ab_pass_out ≙
  When
    grd1: ab ≠ b_out
    grd2: (b_state ≠ sending ∨ b_out ≠ PN)
  Then
    ac1: b_out := ab
    act2: ab := a_in
  End
ba_pass_out ≙ ...
```

```
pass_out ≙
  When
    grd1: ab ≠ b_out
    grd2: ba ≠ a_out
  Then
    act1: b_out := ab
    act2: ab := a_in
    act3: a_out := ba
    act4: ba := b_in
  End
```

```
a_accept ≙
  Refines accept
  When
    grd1: a_state = reset
    grd2: a_out = PN
  Then
    act1: a_state := accepting
  End
b_accept ≙ ...
```

```
a_sleep ≙
  Any new_ab
  Where
    grd1: a_state = sending
    grd2: a_out = PN
    grd3: new_ab ∈ SIGNALS
    grd4: (ab = b_out ⇒ new_ab = IDL)
    grd5: (ab ≠ b_out ⇒ new_ab = PN)
  Then
    act1: a_state := sleeping
    act2: a_in := IDL
    act3: ab := new_ab
  End
b_sleep ≙ ...
```

```
a_awake_send ≙
  When
    grd1: a_state = sleeping
    grd2: a_out = IDL
    grd3: ab = IDL
    grd4: b_out = IDL
  Then
    act1: a_state := sending
    act2: a_in := PN
    act3: ab := PN
    act4: case := ¬case
  End
b_awake_send ≙ ...
```

```
a_awake_accept ≙
  Refines accept
  When
    grd1: a_state = sleeping
    grd2: a_out = PN
    grd3: b_state = sending
    grd4: ab = IDL
    grd5: b_out = IDL
  Then
    act1: a_state := accepting
    act2: case := ¬case
  End
b_awake_accept ≙ ...
```

- *a_send* représente l'émission initiale du signal PN. L'appareil n'a encore rien envoyé ni reçu. Notons que pour simplifier la preuve on place directement le signal à la deuxième étape de la transition : dans la variable *ab*.
- *ab_pass_out* fait avancer le signal le long du canal. *pass_out* permet la progression simultanée du signal dans les deux canaux.
- *a_accept* est déclenché à la réception d'un signal PN si celui-ci n'a été émis que d'un coté.
- *a_sleep* se produit lorsque l'appareil émet le signal PN et commence à le recevoir aussi. Dans ce cas, l'émission du signal retourne au signal de base IDL. C'est la découverte de la contention.
- *a_awake_send* est la ré-émission du signal après la contention. Il ne doit se déclencher qu'après la remise à zéro (signal IDL) de tout le canal d'émission.

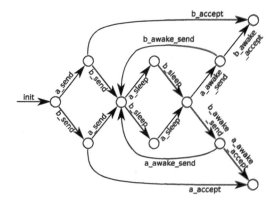

FIG. 5.3 – Comportement des deux appareils

- *a_awake_accept* est l'acceptation d'un signal reçu après la phase de contention. Cet évènement doit aussi vérifier que le canal d'émission a bien été remis à zéro. Nous trouvons aussi dans la garde que l'autre appareil doit bien être dans l'état *sending*, si ce n'est pas le cas il aurait été possible d'accepter un signal *PN* en cours d'effacement.

Les conditions décrites ci-dessus dans la garde des deux derniers évènements sont particulières car elles utilisent des informations qui ne sont pas locales à l'appareil seul. Ces conditions sont en fait la spécification de ce qui devra être raffiné par la propriété temps-réel que nous allons introduire.

Le comportement des appareils (sans les canaux de communication) est résumé dans la figure 5.3

5.3.3 Temps de propagation

Dans ce raffinement, nous ajoutons un temps de propagation précis pour la propagation d'un signal au sein d'un canal. Ce temps sera la constante *prop*, elle prend ses valeurs dans $\mathbb{N}$ privé de 0. Nous allons appliquer notre patron pour ajouter la contrainte de temps, qui est le délai *prop* entre le début de l'émission d'un nouveau signal et le début de sa réception. Soit a et b deux appareils distincts, comme ensemble *ACT* d'actions nous avons *a_pass* et *b_pass*. Il s'agit bien de l'action *pass* mais comme nous somme dans un système distribué, il y a une version de cette action pour chaque appareil.

Au lieu d'utiliser directement la fonction *at* du patron, on peut faire un raffinement de donnée avec $at(a\_pass) = at\_a\_pass$ et $at(b\_pass) = at\_b\_pass$. On obtient alors deux-sous ensembles de $\mathbb{N}$ au lieu d'une fonction.

Invariant

Le typage des nouvelles variables est $(time \in \mathbb{N})$ et $(at\_a\_pass \subseteq \mathbb{N})$ et $(at\_b\_pass \subseteq \mathbb{N})$. L'invariant du patron doit être appliqué aux deux ensembles d'agenda :

$$at\_a\_pass \cup at\_b\_pass \neq \varnothing \Rightarrow time \leq \min(at\_a\_pass \cup at\_b\_pass)$$

Comme at_a_pass représente la date de réception d'un nouveau signal, et que les changements de signaux mettent du temps pour se propager (le temps de propagation), alors les valeurs de cet ensemble sont bornées par $time + prop$:

$$\forall x \cdot (x \in at\_a\_pass \Rightarrow x \leq time + prop)$$

L'ensemble at_a_pass est fini et sa cardinalité reflète le nombre de changement de signaux sur les canaux. Dans le modèle, nous utilisons une formulation équivalente avec des quantifications plutôt que des cardinalités car cela est plus efficace avec les logiciels impliqués dans la preuve interactive.

$$b\_in = ba \wedge ba = a\_out \Leftrightarrow at\_a\_pass = \varnothing$$

$$a\_in = ab \wedge ab \neq b\_out \Leftrightarrow card(at\_a\_pass) = 1$$

$$b\_in \neq ba \wedge ba \neq a\_out \Leftrightarrow card(at\_a\_pass) = 2$$

Un appareil ne peut pas commencer à émettre après la réception d'un signal PN, nous avons donc :

$$\forall(x, y) \cdot (x \in at\_a\_pass \wedge y \in at\_b\_pass \Rightarrow |x - y| < prop)$$

Si la cardinalité de at_b_pass est de deux, alors la différence de ces éléments est strictement inférieure à $prop$ car ils sont bornés par $time + prop$ et que l'action $pass$ se déclenche prioritairement aux évènements de type $sleep$.

$$\forall(x, y) \cdot (x \in at\_b\_pass \wedge y \in at\_b\_pass \Rightarrow |x - y| < prop)$$

Si un appareil reçoit et émet le signal PN alors celui-ci ne vient pas de commencer à émettre ce signal à cet instant :

$$b\_in = PN \wedge b\_out = PN \Rightarrow time + prop \notin at\_a\_pass$$

L'évènement $pass$ se déclenche prioritairement à $send$:

$$time \in at\_a\_pass \cup at\_b\_pass \Rightarrow time + prop \notin at\_a\_pass \cup at\_b\_pass$$

Et enfin, cette partie de l'invariant est directement utilisée dans la preuve de raffinement de ab_pass_out :

$$ab \neq b\_out \wedge time \in at\_b\_pass - at\_a\_pass \Rightarrow b\_state \neq sending \vee b\_out = IDL$$

Évènements

Pour exprimer une priorité entre deux évènements (quand ceux-ci sont activables dans le même état), on peut ajouter une garde qui bloque l'évènement que l'on veut retarder. Ceci est beaucoup utilisé dans ces évènements pour donner la priorité à l'environnement des appareils (comme la gestion des canaux) plutôt qu'aux appareils.

Par soucis de lisibilité, nous allons définir ce modèle uniquement par les différences qu'il possède avec le modèle qu'il raffine. Cela permet de voir immédiatement ce qu'implique le raffinement. Pour cela, les nouvelles lignes seront marqué d'un $\oplus$ et les lignes supprimées d'un $\ominus$.

```
init ≙
≙  Begin
   ⊕: time := 0
   ⊕: at_a_pass, at_b_pass := ∅, ∅
   End
```

```
a_send ≙
  When
    ⊕: time ∉ (at_a_pass ∪ at_b_pass)
  Then
    ⊕: at_b_pass := at_b_pass ∪ {time + prop}
  End
b_send ≙ ...
```

```
ab_pass_out ≙
  When
    ⊖: (b_state ≠ sending ∨ b_out ≠ PN)
    ⊕: time ∈ at_b_pass − at_a_pass
  Then
    ⊕: at_b_pass := at_b_pass − {time}
  End
ba_pass_out ≙ ...
```

```
pass_out ≙
  When
    ⊕: time ∈ at_a_pass ∩ at_b_pass
  Then
    ⊕: at_a_pass := at_a_pass − {time}
    ⊕: at_b_pass := at_b_pass − {time}
  End
```

```
a_accept ≙
  When
    ⊕: time ∉ (at_a_pass ∪ at_b_pass)
  Then
    : ...
  End
b_accept ≙ ...
```

```
a_sleep ≙
  Where
    ⊕: time ∉ (at_a_pass ∪ at_b_pass)
  Then
    ⊕: at_b_pass := at_b_pass ∪ {time + prop}
  End
b_sleep ≙ ...
```

```
a_awake_send ≙
  When
    ⊕: time ∉ (at_a_pass ∪ at_b_pass)
  Then
    ⊕: at_b_pass := at_b_pass ∪ {time + prop}
  End
b_awake_send ≙ ...
```

```
a_awake_accept ≙
  When
    ⊕: time ∉ (at_a_pass ∪ at_b_pass)∧
  Then
    : ...
  End
b_awake_accept ≙ ...
```

```
tick_tock ≙
  Any tm
  Where
    grd1: tm ∈ ℕ ∧ tm > time
    grd2: ((at_a_pass ∪ at_b_pass) ≠ ∅ ⇒
           tm ≤ min(at_a_pass ∪ at_b_pass))
    grd3: (a_state ≠ sending ∨ a_out ≠ PN)
    grd4: (b_state ≠ sending ∨ b_out ≠ PN)
  Then
    act1: time := tm
  End
```

5.3.4 Temps d'attente

Ce dernier raffinement enlève toutes les conditions abstraites présentes dans les gardes et les remplace par l'utilisation des deux délais temps-réel. Nous avons donc deux nouvelles constantes : st (*short time*) et lt (*long time*) qui sont des nombres entiers non nuls. Pour que le protocole se déroule correctement, leurs valeurs doivent respecter :

$st \geq prop \times 2$

et

$lt \geq prop \times 2 + st - 1$

On étend l'utilisation du patron par deux nouvelles valeurs pour l'ensemble *ACT* avec a_awake, b_awake. Comme précédemment nous définissons : $at\_a\_awake = at(a\_awake)$ et $at\_b\_awake = at(b\_awake)$. Enfin, les deux variables supplémentaires a_sleept et b_sleept permettent de noter le délai choisi par chaque appareil.

On peut voir dans la figure 5.4 un diagramme représentant une situation typique de contention (avec les valeurs $prop = 3$, $st = 6$ and $lt = 11$). L'élection sera un succès si les délais choisis sont différents. On peut voir dans la figure que, dans ce cas, l'appareil qui arrête son attente en premier, possède suffisamment de temps pour que son signal parvienne à l'autre appareil.

Invariant

De la même manière que précédemment, nous abordons ici uniquement le cas de a, celui de b se déduisant par symétrie.

Les deux ensembles at_a_awake et at_b_awake sont des sous-ensembles d'entiers. Les valeurs des variables a_sleept et b_sleept sont dans $\{st, lt\}$. Nous avons bien sûr le même invariant exprimant que la valeur de $time$ doit être inférieure ou égale à celle contenue dans la fonction at.

Il y a une et une seule valeur dans at_a_awake si et seulement si l'état de a est *sleeping* :

$$a\_state \neq sleeping \Leftrightarrow at\_a\_awake = \varnothing$$

$$a\_state = sleeping \Leftrightarrow card(at\_a\_awake) = 1$$

Et cette valeur est bornée :

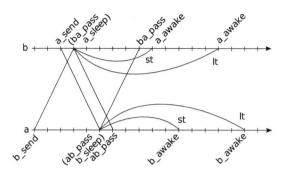

FIG. 5.4 – Déroulement de la contention

$$\forall x \cdot (x \in at\_a\_awake \Rightarrow x \leq time + a\_sleept)$$

$$(time \in at\_a\_awake \wedge a\_sleept = b\_sleept \Rightarrow \forall x \cdot (x \in at\_b\_awake \Rightarrow x < time + prop))$$

Nous pouvons aussi identifier plusieurs bornes inférieures, suivant les cas :

$$(a\_in = PN \wedge (a\_out = PN \vee (a\_out = IDL \wedge ba = PN)) \Rightarrow \forall x \cdot (x \in at\_b\_awake \Rightarrow time + b\_sleept - prop < x))$$

$$a\_in = PN \wedge a\_out = PN \Rightarrow \forall x \cdot (x \in at\_b\_awake \Rightarrow time + prop < x)$$

$$case = \text{FALSE} \wedge b\_state = sending \Rightarrow \forall x \cdot (x \in at\_a\_awake \Rightarrow time + prop < x)$$

$$(time \in at\_a\_awake \wedge a\_sleept \neq b\_sleept \Rightarrow \forall x \cdot (x \in at\_b\_awake \Rightarrow time + prop \leq x))$$

Nous savons que la valeur $time + prop$ n'est pas dans at_a_awake sous une certaine condition :

$$ab = PN \wedge b\_out = IDL \Rightarrow time + prop \notin at\_a\_awake$$

Ici nous pouvons voir que, dans deux différents cas, le changement de signal est reçu avant l'écoulement du délai :

$$case = \text{FALSE} \Rightarrow \forall (x, y) \cdot (x \in at\_a\_pass \wedge y \in at\_a\_awake \Rightarrow x < y)$$

$$a\_sleept \neq b\_sleept \Rightarrow \forall (x, y) \cdot (x \in at\_a\_pass \wedge y \in at\_a\_awake \Rightarrow x \leq y)$$

Et dans la condition suivante, l'écoulement du délai a lieu cette fois avant la réception du changement de signal :

$$(case = \text{TRUE} \wedge a\_sleept = b\_sleept \Rightarrow \forall (x, y) \cdot (x \in at\_a\_awake \wedge y \in at\_a\_pass \Rightarrow x < y))$$

Après la découverte de la contention, l'appareil a a remis à zéro son canal un temps de propagation avant l'écoulement du délai :

$$\forall(x,y)\cdot(x \in at\_a\_pass \land y \in at\_b\_awake \Rightarrow x + prop \leq y)$$

Si les délais choisis sont égaux, alors les appareils n'ont pas le temps de transmettre un signal complètement afin de réaliser l'élection :

$$(a\_sleept = b\_sleept \Rightarrow \forall(x,y)\cdot(x \in at\_a\_awake \land y \in at\_b\_awake \Rightarrow |x - y| < prop))$$

Si les délais sont différents, alors un changement de signal est complètement transmis. Ce qui permet à l'élection de se réaliser :

$$(a\_sleept \neq b\_sleept \Rightarrow \forall(x,y)\cdot(x \in at\_a\_awake \land y \in at\_b\_awake \Rightarrow prop \leq |x - y|))$$

Si la cardinalité de at_a_pass est de deux, alors il y a un temps de $b\_sleept - prop$ entre la fin du délai et la réception du premier changement de signal :

$$(b\_in \neq ba \land ba \neq a\_out \Rightarrow \forall x\cdot(x \in at\_b\_awake \Rightarrow \min(at\_a\_pass) + b\_sleept - prop < x))$$

Finalement, ces dernières formules nous donne les éléments permettant de prouver le raffinement de a_awake_send et a_awake_accept :

$$time \in at\_a\_awake \Rightarrow ab = IDL \land b\_out = IDL$$

$$time \in at\_a\_awake \land (a\_out = PN \lor ba = PN) \Rightarrow b\_state = sending$$

$$case = FALSE \land time \in at\_a\_awake \Rightarrow b\_state = sleeping$$

Évènements

Comme précédemment, nous donnons seulement les différences introduites, les nouvelles sont marquées par $\oplus$ les lignes supprimées par $\ominus$. Si un évènement n'est pas présent, alors c'est qu'il n'y a pas de différence ou alors qu'il est symétrique avec celui présenté ici.

Avec les propriétés temps-réel des évènements de type $awake$, nous pouvons supprimer toutes les conditions abstraites des gardes des évènements. Ceci introduit des obligations de preuves qu'il faut prouver à l'aide de l'invariant pour montrer le raffinement.

```
init ≙
  Begin
    : ⊕at_a_awake, at_b_awake := ∅, ∅
    : ⊕a_sleept, b_sleept := st, st
  End
```

```
a_sleep ≙
  Any ⊕sleep
  Where
    : ⊕sleep ∈ {st, lt}
  Then
    : ⊕at_a_awake := at_a_awake ∪ {time + sleep}
    : ⊕a_sleept := sleep
  End
```

prop	états
1	25
2	51
3	81
4	117
5	159
6	207

FIG. 5.5 – Nombre d'états : modèle m2

prop	st	lt	états
1	2	3	54
2	4	7	186
3	6	11	376
4	8	15	624
5	10	19	930
6	12	23	1294

FIG. 5.6 – Nombre d'états : modèle m3

---

a_awake_send $\widehat{=}$
When
: $\oplus time \in at\_a\_awake$
: $\ominus a\_state = sleeping$
: $\ominus ab = IDL$
: $\ominus b\_outs = IDL$
Then
: $\oplus at\_a\_awake := at\_a\_awake - \{time\}$
End

---

a_awake_accept $\widehat{=}$
When
$\oplus$: $time \in at\_a\_awake$
$\ominus$: $a\_state = sleeping$
$\ominus$: $b\_state = sending$
$\ominus$: $ab = IDL$
$\ominus$: $b\_out = IDL$
Then
$\oplus$: $at\_a\_awake := at\_a\_awake - \{time\}$
End

---

tick_tock $\widehat{=} \ldots$
«même patron avec en plus at_a_awake et at_b_awake»

5.4 Vérification par *model-checking*

Afin d'accélérer et de faciliter la découverte des invariants, nous avons utilisé le *model-checker* ProB (voir [35] de M. Leuschel et M. Butler) en conjonction avec notre patron d'agenda dans sa version relative, ce qui permet d'avoir un nombre d'état fini.

Pour utiliser cet outil il faut donner une valeur aux constantes *prop*, *st*, et *lt* (cette valeur doit bien sûr respecter les axiomes). À cette condition et en adaptant le modèle pour utiliser la version relative du patron d'agenda il est possible de vérifier les invariants des modèles (en particulier m2 et m3, qui comportent du temps) pour une valeur donnée des constantes.

On peut voir dans les tableaux des figures 5.5 et 5.6 le nombre d'états que le *model-checker* vérifie suivant les valeurs des constantes. Valider les invariants avant de faire leurs preuves formelles s'est avéré très utile pour détecter rapidement des erreurs dans la rédaction des invariants.

5.5 Conclusions

De nombreux travaux existent sur *IEEE 1394 Root Contention Protocol* (RCP). On peut trouver une synthèse de ces travaux dans [44]. Notre travail étend ces résultats avec une autre approche, tout en restant dans le cadre de la méthode B. Notre méthode de vérification est la preuve mécanisée par l'intermédiaire d'invariants et de raffinement entre plusieurs modèles. Il est clair qu'une preuve interactive demande bien plus de travail pour être menée à bien qu'une vérification par model-checking ou à l'aide de procédure de décision (des études de ce type sont référencées dans l'article de synthèse). Mais cela permet d'utiliser un langage général et expressif. Ainsi, on peut mener la preuve dans le cadre le plus général c'est-à-dire de laisser indéterminées les constantes de délai temps-réel st et lt avec des hypothèses de bonne définition. Une fois les invariants trouvés, la preuve est répétitive et nous pensons que beaucoup d'améliorations peuvent être faites sur le prouveur (ici B4Free) ou sur le système interactif guidant l'utilisateur.

Nous avons montré qu'avec notre patron, il est possible de modéliser un système temps-réel au sein de la méthode B. La relation de raffinement permet d'introduire les contraintes temps-réel de manière incrémentale, c'est-à-dire en modélisant d'abord un modèle non temporel puis en rajoutant les aspects temporels ainsi qu'en rajouter de nouveau sur les aspects temporels sur le modèle temporisé. Et à chaque raffinement, nous pouvons vérifier et valider le modèle obtenu. Notons bien que nous avons appliqué le patron d'agenda deux fois. La première fois nous avons introduit le temps dans un modèle sans éléments temporels. La deuxième fois nous avons introduit des contraintes temporelles supplémentaires dans un modèle qui en contient déjà. Il est possible de raffiner le comportement temporel car le passage du temps (par l'évènement *tic* se fait par sauts non-déterminés, le fait de rajouter des contraintes contraint un peu plus ces sauts mais ce sont des déclenchements de l'évènement *tic* qui étaient déjà possible dans l'abstraction.

La preuve obtenue concerne avant tout la correction partielle mais comme l'invariant exprime des propriétés temps-réel, nous avons des éléments sur le comportement dynamique du système.

En particulier, on peut voir que si les délais choisis sont différents ($a\_sleept \neq b\_sleept$), alors le signal d'élection a le temps de parvenir à son destinataire :
$$\forall(x,y) \cdot (x \in at\_a\_awake \wedge y \in at\_b\_awake \Rightarrow prop \leq |x - y|))$$
Mais si les délais sont égaux ($a\_sleept = b\_sleept$), les appareils n'auront pas le temps de communiquer :
$$\forall(x,y) \cdot (x \in at\_a\_awake \wedge y \in at\_b\_awake \Rightarrow |x - y| < prop))$$
où at_a_awake et at_b_awake sont des sous-ensembles d'entiers représentant à quel moment les appareils vont arrêter d'attendre, et $prop$ est le temps de propagation nécessaire pour qu'un changement de signal traverse le canal entre deux appareils.

Chapitre 6

L'algorithme de Simpson version 2-slots

6.1 Introduction

Cette étude de cas est un développement formel d'un algorithme de communication asynchrone. Cet algorithme est une version à deux emplacements mémoire (*slot*) d'un algorithme de Simpson. Dans ce papier [43], H.R. Simpson construit son algorithme en partant d'une esquisse de solution utilisant une mémoire partagée à un emplacement ; puis il montre les problèmes qui peuvent survenir et complète les mécanismes mis en place jusqu'à obtenir une solution correcte. Le but est d'obtenir une communication asynchrone entre un écrivain et un lecteur, ceci est atteint avec une mémoire partagée à quatre emplacements. La version que nous allons étudier ici possède deux emplacements mémoire, elle n'est pas totalement asynchrone et des erreurs d'utilisation de la mémoire peuvent survenir si le lecteur et l'écrivain suivent un certain ordonnancement dans leurs exécutions. Dans ce chapitre nous allons étudier les propriétés temporelles quantitatives de cet ordonnancement et étudier une condition temporelle pour assurer les propriétés de sureté. L'intérêt pratique de cette version de l'algorithme est qu'elle nécessite moins d'espace mémoire (que la version à 4 emplacements) ce qui peut être intéressant pour des applications avec du matériel spécifique. Par contre, cette version n'est pas complètement asynchrone et ne peut donc pas être utilisée avec un ordonnancement quelconque.

L'algorithme à 4 emplacements mémoires a déjà été étudié en B évènementiel dans l'article de J.-R. Abrial et D. Cansell [5], dans cette étude les propriétés temporelles n'interviennent pas et ne font donc pas parties du propos, contrairement à ce chapitre. Néanmoins les premières étapes de la spécification (l'abstraction et le premier raffinement) sont similaires dans les deux cas, il s'agit en fait de l'introduction d'un modèle de communication abstrait et général. Il est donc naturel de le reprendre et c'est un exemple de la modularisation et de la réutilisabilité permises par l'utilisation du raffinement. Ces étapes communes sont composées des deux premiers modèles, la suite du développement introduisant des éléments spécifiques aux versions étudiées de l'algorithme.

Le but de l'algorithme que nous étudions est de permettre une communication unidirectionnelle entre deux entités, que nous appellerons dans ce texte l'écrivain et le lecteur et bien sûr la communication va du premier vers le deuxième. La communication se veut asynchrone ce qui signifie que l'écrivain peut envoyer de nouvelles données à n'importe quel moment et le lecteur peut en prendre connaissance à n'importe quel moment. Ceci a pour conséquence que des données peuvent ne pas être lues pendant un certain temps voir même jamais. Le but étant d'avoir connaissance de la donnée la plus fraiche et non pas de communiquer l'intégralité des données.

Comme exemple d'application, on peut imaginer que l'écrivain est un thermomètre électronique qui envoie régulièrement la valeur mesurée tandis que le lecteur est un système de régulation du chauffage. On voit bien que dans ce cas là, le but est d'obtenir la valeur la plus récente de la température et que les anciennes mesures ne sont pas intéressantes et peuvent donc être ignorées.

Ainsi que le préconise la méthode B évènementielle, notre étude est structurée en une chaine de modèles qui se raffinent en séquence. Les premiers modèles sont les plus abstraits et représentent la spécification du système tandis que les derniers sont les plus concrets et représentent plutôt une version plus proche de l'implémentation du système.

Dans le premier modèle, nous introduisons deux évènements nommés *read* et *write*. Dans cette spécification, ces deux opérations sont donc considérées comme atomiques puisque un évènement est un changement atomique de l'état du système. Mais en réalité, la taille des donnés communiquées n'est pas limitée et est éventuellement grande donc ces opérations ne sont pas réellement atomique. Le but dans ce premier modèle etant de fournir une représentation idéalisée de la fonction du système.

De plus, il faut représenter les effets du comportement asynchrone, nous allons donc considérer l'historique des valeurs lues et écrites ainsi que l'historique du décalage possible entre la valeur lue et la valeur écrite la plus récente. Ce décalage est minimisé par l'algorithme et nous pouvons dire informellement que la valeur lue est au moins aussi récente que la valeur écrite au moment de la lecture précédente. Nous obtenons donc l'assurance que le lecteur va bien progresser dans les valeurs, et aussi une certaine garantie de fraicheur sur la valeur lue.

Dans les modèles suivants, nous allons étudier les problèmes pouvant survenir lors de l'entrelacement des opérations d'écritures et de lectures puisque ils ne sont pas effectivement atomiques. Pour cela, chacun des deux évènements va être raffiné en deux évènements : un de début et un de fin. Ceci permet l'entrelacement des opérations et donc d'introduire la non atomicité. Nous allons ensuite aussi étudier le mécanisme de communication qui est est formé par une mémoire partagée. Un des critères de sureté à vérifier est qu'il est interdit de lire et d'écrire en même temps sur le même emplacement mémoire ; et ceci peut effectivement survenir si le système réalise deux écritures durant une même lecture.

L'esquisse du développement prouvé (et donc des raffinements de modèles) est : «l'utilisation de la mémoire est correcte» est raffiné par «il est interdit d'écrire deux fois pendant une lecture» qui est raffiné par «l'intervalle de temps entre deux écritures successives est plus grand que la durée d'une lecture».

Autrement dit, nous allons commencer par un modèle de ce qu'est un système de communication asynchrone puis nous allons ajouter le concept de mémoire partagée puis nous introduirons les aspects temps-réel. Nous utiliserons notre patron de chronomètre pour modéliser la durée entre le début et la fin des opérations de lecture et d'écriture.

Concernant la littérature spécifique sur cette version de l'algorithme (en plus de l'article original de H.R. Simpson [43]), l'article de J. Chen et A. Burns [21] étudie les conditions de faisabilité sur l'ordonnancement de tâches qui utiliseraient l'algorithme pour communiquer ; cette ordonnancement doit établir les conditions temporelles que l'on étudie dans ce chapitre. L'article de N. Scaife et P. Caspi [42] donne lui une extension de l'algorithme de Simpson pour mettre en place un ordonnancement préemptif.

Ce chapitre continue par la section 6.2 qui présente l'algorithme et sa problématique. Le développement des modèles formels en fait dans la section 6.3. Finalement nous concluons en Section 6.4.

6.2 Présentation de l'algorithme

Dans cette section, nous allons présenter l'algorithme de manière plus précise que dans l'introduction et en introduisant l'utilisation des variables des modèles.

Dans la figure 6.1 nous pouvons voir, entre autres, un exemple de trace des valeurs écrites (*wv* - *Written Values*) et lues (*rv* - *Read Values*). Dans cet exemple (pour simplifier notre présentation), l'écrivain fournit une valeur différente à chaque fois $(a, b, c, ...)$. Le lecteur va prendre connaissance de ces valeurs écrites. Il est possible que le lecteur s'active plus que l'écrivain, et dans ce cas la valeur lue reste la même (exemple : $rv(1) = rv(2) = a$). L'inverse est aussi possible, quand l'écrivain s'active plusieurs fois de plus que le lecteur il est alors possible pour le lecteur de sauter des valeurs (exemple : $wv(3) = c$ n'apparait pas dans rv). Avec r_at (Read AT) nous pouvons visualiser le lien entre les valeurs lues et écrites. Sur

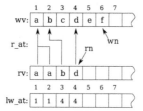

FIG. 6.1 – Traces de lectures et d'écritures

cette illustration les valeurs écrites sont toutes différentes, mais en général ce n'est pas le cas, c'est pourquoi nous aurons besoin de cette fonction. Nous aurons aussi besoin de la séquence lw_at (*Last Write AT*) qui trace des valeurs de wn (le nombre d'écritures) prises au moment de chaque lecture. En utilisant cette information il est possible de quantifier le retard de la valeur effectivement lue par rapport à la valeur écrite la plus récente. Par exemple, à la lecture $rv(3)$ la valeur lue est $wv(2)$ mais la dernière disponible est $wv(4)$ (en fait $wv(lw\_at(3))$) qui sera seulement lue en $rv(4)$.

Le mécanisme de communication asynchrone avec une mémoire partagée à deux emplacements de Simpson [43] peut être résumé avec le pseudo-code suivant :

```
read(){                      write(d){
  readi:=latest;               buffer(1-latest):=d;
  rr:=buffer(readi);           latest:=1-latest;
}                            }
```

Avec *buffer* la mémoire (une fonction de $\{0,1\}$ vers $DATA$), *readi* le pointeur vers l'emplacement mémoire lu et *rr* le résultat de la lecture. Une représentation graphique du système mis en œuvre est donné Fig. 6.2 où *writingi* est l'ensemble des emplacements mémoire en cours d'écriture et *readingi* l'ensemble des emplacements en cours de lecture (au maximum des singletons). Dans le pseudo-code, l'opération d'écriture prend un paramètre $d \in DATA$, l'écrit dans le *buffer* à l'emplacement $1 - latest$ et met à jour la variable *latest* qui doit pointer sur l'emplacement contenant la valeur la plus récente. Cette variable *latest* prend ces valeurs dans $\{0,1\}$, et l'expression $1 - latest$ permet d'intervertir le 0 en 1 (et inversement le 1 en 0).

L'opération de lecture enregistre le pointeur *latest* dans *readi* et lit la valeur à cet emplacement depuis *buffer* vers *rr*. La difficulté de cet algorithme provient du fait que la taille des données transférées peut être arbitrairement grande. Ce qui implique que les durées de lecture et d'écriture peuvent être longues, et ces opérations peuvent interférer l'une sur l'autre. Les deux opérations peuvent s'exécuter en parallèle et autant que possible de manière asynchrone. Au contraire, les variables *latest* (ET *readi*) sont d'une taille petite et fixe et lire et écrire dans ces variables est considéré atomique (ce qui est en pratique assuré par la plateforme matérielle). Bien sûr, il n'est pas autorisé de lire et d'écrire sur le même emplacement mémoire cela pouvant mener à des erreurs de données. Il nous faut donc au minimum deux emplacements, pendant que le lecteur en utilisera un, l'écrivain pourra utiliser l'autre. À la fin de l'écriture, le pointeur *latest* est mis à jour pour désigner l'emplacement où vient de se dérouler l'écriture.

En fait, et comme nous le verrons plus en détail dans les modèles, deux emplacements ne sont pas suffisants : si pendant une même lecture le système procède à deux écriture ($1 - latest$ devient alors égal à *readi*) alors il y a deux accès sur le même emplacement. Pour gérer ce problème Simpson [43] propose principalement d'ajouter des emplacements mémoire et de modifier l'algorithme. Mais il souligne qu'il est possible de garder que deux

FIG. 6.2 – Mémoire à deux emplacements

emplacements à condition de vérifier que l'ordonnancement des tâches n'amène jamais à la situation problématique décrite ci-dessus. Il donne une condition qui est : «l'intervalle entre deux écritures successives doit toujours être plus grand que la durée des lectures» (*«the interval between successive writes is always greater than the duration of any read»*).

ew		bw			
writingi: {0}	∅	{1}	∅	{0}	∅
latest: 1		0		1	0
readingi: ∅	{1}	∅	{0}	∅	{1}
br		er			

FIG. 6.3 – Exemple de chronologie

Cette condition est illustrée dans la figure 6.3. L'ensemble *writingi* contient les emplacements mémoire en cours d'écriture. De même l'ensemble *readingi* contient les emplacements en cours de lecture. On peut voir sur l'illustration que *latest* est mis à jour à la fin de chaque écriture et que le lecteur se cale dessus pour choisir l'emplacement à lire. L'utilisation correcte de la mémoire est atteinte quand les ensembles *writingi* et *readingi* sont disjoints à chaque instant. Pour se représenter la condition d'ordonnancement, nous pouvons considérer le pire des cas qui arrive quand le début d'une lecture (représentée par la flèche *br* sur l'illustration) commence juste avant la fin d'une écriture (flèche *ew*). Dans ce cas, si la durée entre *br* et *er* (fin de lecture) est plus grande que la durée entre *ew* et *bw* (début d'écriture) alors le système pourrait lire et écrire au même endroit de la mémoire (la figure ne représente qu'un comportement correct).

6.3 Développement

Cette section est organisée comme une séquence de modèles. Chaque sous-section présente un modèle qui raffine le modèle de la sous-section précédente (sauf la première bien évidemment). Chaque modèle, ou sous-section, se focalise sur un aspect particulier du système. La sous-section 6.3.1 introduit la communication asynchrone en décrivant les traces possibles de l'exécution de l'écrivain et du lecteur. En 6.3.2 nous supprimons la trace du lecteur. En 6.3.3 nous modélisons les premiers aspects de la mémoire partagée à deux emplacements. En 6.3.4 cette mémoire est complètement spécifiée. En 6.3.5 le modèle est réécrit avec des variables booléennes pour être plus proche d'un système concret. Et enfin en 6.3.6 nous ajoutons les aspects temporels.

6.3.1 Spécification par des traces de l'écrivain et du lecteur asynchrone

Le but de ce modèle est de spécifier les évènements *read* et *write* qui manipulent les valeurs de l'ensemble *DATA*. Pour cela, nous considérons la séquence des valeurs écrites $wv \in 1..wn \to DATA$ avec $wn \in \mathbb{N}_1$ est le nombre d'écritures réalisées. De manière similaire la séquence des valeurs lues est $rv \in 1 .. rn \rightarrow DATA$ avec $rn \in \mathbb{N}_1$ le nombre de lectures effectuées.

Bien sûr, les valeurs lues sont prises parmi les valeurs écrites et la fonction $r\_at \in 1 ..$ $rn \rightarrow 1 .. wn$ («Read AT») donne la correspondance entre la i^{th} valeur lue et la $r\_at(i)^{th}$ valeur écrite, comme nous allons le voir de manière formelle dans l'invariant.

Enfin, la dernière variable du modèle enregistre la valeur de wn (le numéro de la dernière valeur écrite) au moment de la $i^{ème}$ lecture, cette variable est la fonction $lw\_at \in 1 .. rn \rightarrow 1 ..$ wn («Last Write AT»). Ceci va permettre de quantifier le décalage entre la valeur réellement lue et la dernière disponible.

De là nous pouvons maintenant introduire les évènements de ce premier modèle :

---

read $\widehat{=}$
  Any ri
  Where
    grd1: $ri \in lw\_at(rn) .. wn$
  Then
    act1: $rn := rn + 1$
    act2: $r\_at(rn + 1) := ri$
    act3: $lw\_at(rn + 1) := wn$
    act4: $rv(rn + 1) := wv(ri)$
  End

---

write $\widehat{=}$
  Any d
  Where
    grd1: $d \in DATA$
  Then
    act1: $wn := wn + 1$
    act2: $wv(wn + 1) := d$
  End

La plupart des actions et des gardes des deux évènements se comprennent facilement sauf peut-être pour la garde *grd1* de l'évènement *read*. Cette garde exprime l'obligation pour le lecteur de progresser dans la lecture des valeurs écrites : à chaque lecture, l'indice *ri* («*Read Index*») de la valeur lue doit être supérieur ou égale à l'indice de la dernière valeur écrite au moment de la lecture précédente $lw\_at(rn)$.

Ces deux évènements établissent les invariants ci-dessous. Les valeurs lues sont bien prises parmi les valeurs écrites :

$$rv = r\_at; wv$$

et la correspondance entre les deux séquences est donnée par r_at, la figure 6.1 illustre cela.

Comme nous l'avons déjà vu, le lecteur peut être «en retard» sur l'écrivain :

$$\forall i \cdot i \in 1 .. rn \Rightarrow r\_at(i) \le lw\_at(i)$$

Mais nous savons que la valeur lue est au moins aussi «fraîche» que la dernière valeur écrite au moment de la lecture précédente.

$$\forall i \cdot i \in 1 .. rn - 1 \Rightarrow lw\_at(i) \le r\_at(i + 1)$$

Ce premier modèle pose une spécification générale d'un mécanisme de communication asynchrone entre un écrivain et un lecteur. L'aspect le plus intéressant de ce modèle est probablement l'invariant ci-dessus qui permet de considérer des aspects de vivacité dans un invariant. Remarquons que cela est rendu possible par la présence dans les variables du modèle des «historiques» (ou des «traces») complètes des actions effectuées par le système. Ces variables d'historique ne sont pas présentes dans l'algorithme réel et auront complètement disparues une fois le développement terminé.

Maintenant que nous avons posé ce cadre général, nous pouvons le simplifier dans le raffinement suivant en ne considérant plus la trace du lecteur (car il ne sera pas nécessaire de l'étudier plus avant sous cette forme). Mais, grâce aux propriétés du raffinement, les modèles suivants vont conserver le comportement validé par ces invariants. À condition évidement que nous produisions un invariant de collage entre les variables abstraites (qui ont disparues) et les variables concrètes qui les remplacent et qui nous démontrions la relation de raffinement.

6.3.2 Suppression de la trace du lecteur

Avec ce raffinement, nous gardons les variables wn and wv. Tandis que les variables rn, r_at, lw_at et rv disparaissent au bénéfice des nouvelles variables $rr \in DATA$ («*Read Result*») et $lw\_at\_lr \in 1 .. wn$ («*Last Write AT Last Read*»). La variable rr représente le résultat de la dernière lecture, et nous avons donc l'invariant de collage suivant :

$$rr = rv(rn).$$

De manière similaire nous avons seulement besoin de la dernière valeur de la séquence lw_at :

$$lw\_at\_lr = lw\_at(rn).$$

Comme nous pouvons le voir ci-dessous, ce nouvel ensemble de variables est suffisant pour exprimer l'évènement *read* (l'évènement *write* est inchangé).

```
read ≙
  Refines read
  Any ri
  Where
    grd1: ri ∈ lw_at_lr .. wn
  Then
    act1: lw_at_lr := wn
    act2: rr := wv(ri)
  End
```

Nous sommes maintenant prêts à introduire la non atomicité des opérations de l'algorithme.

6.3.3 La mémoire à deux emplacements : premiers éléments

Dans ce raffinement, nous allons supprimer la variable lw_at_lr. Et nous introduisons deux nouvelles variables $reading \subseteq \mathbb{N}$ et $writing \subseteq \mathbb{N}$, qui représenteront respectivement l'indice des valeurs en cours de lecture et l'indice des valeurs en cours d'écriture. Quand on parle d'indice dans ce modèle c'est par rapport aux numéros des lectures et écritures.

Nous allons aussi modifier des évènements, nous ajoutons l'évènement *begin_read* et raffinons *read* par *end_read* ; de même nous ajoutons *begin_write* et raffinons *write* par *end_write*.

```
begin_read ≙
  When
    grd1: reading = ∅
  Then
    act1: reading := {wn}
  End
```

```
end_read ≙
  Refines read
  Any ri
  Where
    grd1: ri ∈ reading
  Then
    act1: rr := wv(ri)
    act2: reading := ∅
  End
```

Nous pouvons remarquer que l'on peut commencer à lire lorsque qu'il n'y a pas de lecture en cours et que dans ce cas on lit la dernière valeur écrite. À la fin de la lecture on place le résultat dans rr.

```
begin_write ≙
  When
    grd1: writing = ∅
    grd2: reading ≠ ∅ ⇒ wn ∈ reading
  Then
    act1: writing := {wn + 1}
  End
```

```
end_write ≙
  Refines write
  Any d, wi
  Where
    grd1: d ∈ DATA
    grd2: wi ∈ writing
  Then
    act1: wn := wi
    act2: wv(wi) := d
    act3: writing := ∅
  End
```

Le système peut commencer à écrire l'indice $wn + 1$. Et termine l'écriture en ajoutant la donnée d à la fin de la séquence wv.

La garde $grd2$ de l'évènement *begin_write* mérite une explication. En fait, la clé de cet algorithme est de ne pas écrire deux fois pendant une même lecture. Comme nous allons le voir plus précisément dans le raffinement suivant, la mémoire partagée à deux emplacements n'est pas capable de gérer ce comportement. Et c'est cette situation qui devra être évitée par les propriétés temporelles de l'ordonnancement. Finalement cette garde permet d'exprimer cette condition de manière abstraite car si l'écrivain a déjà inscrit une nouvelle valeur, alors qu'une lecture était en cours, l'ensemble *reading* serait égal à $\{wn - 1\}$ ce qui rend la garde $grd2$ fausse. Une fois que cette lecture bloquante est terminée, l'écrivain peut de nouveau s'exécuter.

L'invariant va clarifier ce comportement. Nous pouvons déjà voir que l'écrivain peut seulement être inactif ou être en cours d'écriture de la valeur numéro $wn + 1$:

$$writing \subseteq \{wn + 1\}$$

Pour le lecteur, il y a trois possibilités : pas de lecture, lire la dernière valeur ou lire l'avant dernière valeur :

$$\exists x \cdot x \in \{wn, wn - 1\} \wedge reading \subseteq \{x\}$$

Si une écriture est en cours, le lecteur ne peut que lire la dernière valeur :

$$writing \neq \emptyset \Rightarrow reading \subseteq \{wn\}$$

79

Enfin la dernière formule est plus technique, pour montrer le raffinement de la garde $grd1$ de $read$ ($ri \in lw\_at\_lr .. wn$) du modèle précédent, nous avons besoin de savoir que :

$$wn - 1 \in reading \Rightarrow lw\_at\_lr \leq wn - 1$$

ce qui permet de montrer que la garde concrète qui utilise $reading$ peut être interprétée de la même manière qu'avec la variable lw_at_lr dans le cas ou le système est en retard d'une lecture.

Nous avons maintenant fini de modéliser (abstraitement) le point principal de cet algorithme : les contraintes qui limitent l'asynchronisme de la communication (ou de manière équivalente qui limitent l'ordonnancement du déroulement du système). C'est à dire que nous avons exprimé quelles conditions doit respecter l'ordonnancement en fonction des valeurs lues ou écrites. Nous allons maintenant décrire la mémoire de manière plus réaliste.

6.3.4 Une mémoire plus réaliste

Pour décrire le système de manière plus concrète, il est nécessaire de remplacer la séquences des valeurs écrites wv par la fonction $buffer \in \{0, 1\} \rightarrow DATA$ qui va représenter la mémoire avec les données qui y sont stockées. Le but principal de ce modèle est de montrer que la mémoire est correctement utilisée, c'est à dire que le système ne fait pas simultanément des accès en lecture et en écriture sur le même emplacement mémoire. Nous avons aussi besoin de la variable $latest \in \{0, 1\}$ qui stocke l'emplacement de la mémoire ($buffer$) où se trouve la dernière valeur écrite. Finalement, nous remplaçons (raffinons) $reading$ par $readingi \subseteq \{0, 1\}$; c'est-à-dire que, au lieu d'utiliser des indices sur la séquence des valeurs, nous utilisons des indices de la mémoire (emplacement 0 ou 1). De même l'ensemble $writing$ est raffiné par $writingi \subseteq \{0, 1\}$.

---

begin_read $\widehat{=}$
  Refines begin_read
  When
    grd1: $readingi = \varnothing$
  Then
    act1: $readingi := \{latest\}$
  End

---

end_read $\widehat{=}$
  Refines end_read
  Any i
  Where
    grd1: $i \in readingi$
  With
    ri: $(i = latest \Rightarrow ri = wn) \wedge (i \neq latest \Rightarrow ri = wn - 1)$
  Then
    act1: $rr := buffer(i)$
    act2: $readingi := \varnothing$
  End

---

begin_write $\widehat{=}$
  Refines begin_write
  When
    grd1: $writingi = \varnothing$
    grd2: $readingi \neq \varnothing \Rightarrow readingi = \{latest\}$
  Then
    act1: $writingi := \{1 - latest\}$
  End

```
end_write ≙
  Refines end_write
  Any d, i
  Where
    grd1: d ∈ DATA
    grd2: i ∈ writingi
  With
    wi: wi = wn + 1
  Then
    act1: writingi := ∅
    act2: buffer(i) := d
    act3: latest := i
  End
```

Avec ce raffinement du système, le lecteur accède à l'emplacement *latest* de la mémoire *buffer* tandis que l'écrivain accède à l'emplacement 1 − *latest*. Comme nous pouvons le voir dans l'action *act3* de *end_write*, la mise à jour de la variable *latest* est seulement réalisée à la fin de l'écriture car le lecteur peut potentiellement accéder à l'emplacement pointé par *latest* dès que cette variable est mise à jour.

Nous pouvons aussi remarquer la *witness* dans la clause **With** de *end_read*. Cette formule témoin définie la valeur de la variable locale *ri* de l'évènement abstrait (du même nom) en fonction des variables concrètes.

Nous pouvons maintenant expliquer l'invariant de collage entre les variables abstraites et concrètes. Nous savons que le contenu de la mémoire *buffer* est soit la $wn^{ième}$ ou la $(wn-1)^{ième}$ valeur écrite, et son emplacement précis est donné par la variable *latest* :

$$buffer(latest) = wv(wn)$$

$$wn \geq 2 \Rightarrow buffer(1 - latest) = wv(wn - 1)$$

La variable *writingi* est presque équivalente à *writing* mais elle contient maintenant un pointeur sur la mémoire :

$$writingi = ∅ \Leftrightarrow writing = ∅$$

$$writingi = \{1 - latest\} \Leftrightarrow writing = \{wn + 1\}$$

De même pour *readingi* :

$$readingi = ∅ \Leftrightarrow reading = ∅$$

$$readingi = \{latest\} \Leftrightarrow reading = \{wn\}$$

$$readingi = \{1 - latest\} \Leftrightarrow reading = \{wn - 1\}$$

Cet invariant de collage est suffisant pour déduire le théorème suivant :

$$readingi \cap writingi = ∅$$

qui montre que les accès à la mémoire sont sûrs.

6.3.5 Variables booléennes

Maintenant que nous avons montré le théorème précédent, nous n'avons plus besoin de toutes l'information des ensembles *readingi* et *writingi*. L'ensemble *writingi* est remplacé par *write* ∈ *BOOL*. Et l'ensemble *readingi* est raffiné par les deux variables *read* ∈ *BOOL* et *readi* ∈ {0, 1}.

```
begin_read ≙
  Refines begin_read
  When
    grd1: read = FALSE
  Then
    act1: read := TRUE
    act2: readi := latest
  End
```

```
end_read ≙
  Refines end_read
  When
    grd1: read = TRUE
  With
    i: i = readi
  Then
    act1: read := FALSE
    act2: rr := buffer(readi)
  End
```

```
begin_write ≙
  Refines begin_write
  When
    grd1: write = FALSE
    grd2: read = TRUE ⇒ latest = readi
  Then
    act1: write := TRUE
  End
```

```
end_write ≙
  Refines end_write
  Any d
  Where
    grd1: d ∈ DATA
    grd2: write = TRUE
  With
    i: i = 1 − latest
  Then
    act1: write := FALSE
    act2: buffer(1 − latest) := d
    act3: latest := 1 − latest
  End
```

La formule témoin de *end_read* indique que la valeur de la variable locale abstraite i est maintenant dénotée par la variable *readi* du modèle. De manière similaire la variable locale i de *end_write* est raffinée par l'expression $1 - latest$.

L'invariant (de collage) est donné par :

$$read = FALSE \Leftrightarrow readingi = \varnothing$$

$$write = FALSE \Leftrightarrow writingi = \varnothing$$

$$read = TRUE \Rightarrow readingi = \{readi\}$$

6.3.6 Aspect temporel

Nous avons vu que la condition d'ordonnancement nécessaire à la bonne exécution de cet algorithme est exprimée dans la garde *grd2* de l'évènement *begin_write*. Cette garde stipule que pour commencer une écriture quand une lecture est en cours il faut que la valeur lue soit la dernière écrite. Dans ce raffinement nous allons remplacer cette condition par des contraintes temporelles. Pour cela nous devons quantifier la durée qui s'écoule entre le début et la fin (et vice-versa) des opérations de lecture et d'écriture.

Pour cela nous appliquons notre patron de chronomètres. Nous allons appliquer un chronomètre sur les quatre évènements du modèle. Ces chronomètres seront appellés *sbr* (*Since Begin Read*), *ser* (*Since End Read*), *sbw* (*Since Begin Write*) et *sew* (*Since End Write*). Le nom donné en parenthèse indique l'évènement auquel ils sont reliés.

Dans chaque évènement, nous introduisons le raffinement de l'évènement *reset* du patron, ce qui permet de remettre à zéro le chronomètre associé dans l'action de chaque évènement.

Conformément au patron le but est d'exprimer combien de temps s'est écoulé depuis la remise à zéro d'un chronomètre.

Pour cela, nous devons aussi introduire l'évènement *tic* du patron, qui a subi une transformation (un raffinement de données) pour passer de l'expression générale du patron (qui utilise la fonction *adds*) à celle qui est représentée ci-après. De plus la paramètre *shift* à été instancié à 1.

Nous considérons aussi une constante temporelle $c \in \mathbb{N}_1$.

```
begin_read ≘
  Refines begin_read
  When
    grd1: read = FALSE
  Then
    act1: read := TRUE
    act2: readi := latest
    act3: sbr := 0
  End
```

```
end_read ≘
  Refines end_read
  When
    grd1: read = TRUE
  Then
    act1: read := FALSE
    act2: rr := buffer(readi)
    act3: ser := 0
  End
```

```
begin_write ≘
  Refines begin_write
  When
    grd1: write = FALSE
    grd2: c ≤ sew
  Then
    act1: write := TRUE
    act2: sbw := 0
  End
```

```
end_write ≙
  Refines end_write
  Any d
  Where
    grd1: d ∈ DATA
    grd2: write = TRUE
  Then
    act1: write := FALSE
    act2: buffer(1 − latest) := d
    act3: latest := 1 − latest
    act4: sew := 0
  End
```

```
tic ≙
  When
    grd1: read = TRUE ⇒ sbr + 1 < c
  Then
    act1: sbr := sbr + 1
    act2: ser := ser + 1
    act3: sbw := sbw + 1
    act4: sew := sew + 1
  End
```

Dans ce système d'évènements, deux éléments importants doivent être considérés : la nouvelle garde $grd2$ de *begin_write* et la garde $grd1$ de *tic*.

Comme on peut le voir dans la garde $grd2$ de l'évènement *begin_write*, la constante c est une borne inférieure de la durée s'écoulant entre le dernier déclenchement de *end_write* et le déclenchement de *begin_write* (par l'intermédiaire du chronomètre *sew*). La garde $grd2$ (de *begin_write*) indique donc que l'écrivain doit laisser passer au moins c unités de temps entre la fin de l'écriture précédente et le début d'une nouvelle écriture.

La garde $grd1$ de *tic* indique que le lecteur ne doit pas laisser passer plus de c unités de temps entre le début et la fin de la lecture. Il s'agit d'une borne temporelle supérieure sur le déclenchement de *end_read*. Cette borne est placée dans la garde de *tic* sous la forme d'une implication logique dont la partie gauche est en fait la garde de *end_read* ; cela signifie que si la garde de *end_read* est vrai la progression du temps est bloquée si il c'est déjà passé c unité de temps depuis la dernière occurrence de *begin_read*. Ce qui a pour effet de forcer *end_read* à se déclencher avant ce seuil.

Ces deux bornes temporelles peuvent se vérifier dans les invariants. Si une lecture est en cours alors cette lecture a été commencée depuis moins de c unités de temps :

$$read = TRUE ⇒ sbr < c.$$

Et si une écriture est en cours alors il s'est passé au moins c unité de temps depuis la fin de la dernière écriture :

$$write = TRUE ⇒ c ≤ sew.$$

Il faut maintenant exprimer dans l'invariant pourquoi il est possible de remplacer la $grd2$ of *begin_write* du modèle précédent par les arguments temporels présentés dans ce modèle. En particulier l'obligation de preuve pour le raffinement nous demande de montrer que, sous la condition qu'une lecture est en cours mais pas une écriture ($read = TRUE ∧ write = FALSE$) nous avons $latest = readi$ c'est à dire que la case en cours de lecture est la dernière qui a été écrite. Pour cela on peut considérer l'invariant suivant :

$$sbr < sew ∧ read = TRUE ∧ write = FALSE ⇒ latest = readi$$

qui exprime qu'à condition que le début de la dernière lecture c'est déroulé avant la fin de la dernière écriture et sous la condition précédent nous avons bien ce que nous voulons déduire.

De la garde de *begin_write* nous savons que $c \leq sew$. Cette proposition et les premiers invariants ci-dessus permettent de montrer que $sbr < sew$. En conséquence, on peut en déduire la garde abstraite de *begin_write* qui est $read = TRUE \Rightarrow latest = readi$ à partir de la garde concrète de ce même évènement. Ce qui permet de montrer la raffinement du modèle et donc sa correction.

Non blocage Dans la méthode B évènementielle, on peut vouloir vérifier que le système ne se bloque pas. Pour cela, il faut vérifier l'obligation de preuve de non-blocage qui consiste à montrer la disjonction des gardes des évènements. Notre algorithme s'applique sur un système réactif perpétuel, nous avons donc vérifié dans un théorème que :

$$read = FALSE \vee$$
$$read = TRUE \vee$$
$$(write = FALSE \wedge c \leq sew) \vee$$
$$write = TRUE \vee$$
$$(read = TRUE \Rightarrow sbr + 1 < c)$$

Comme nous avons introduit des contraintes temporelles, il est possible qu'elles mènent à un blocage du système voir de la progression du temps; c'est pourquoi les contraintes temporelles et la garde de *tic* sont incluses dans cette vérification.

Détail de l'effort de preuve Le développement prouvé de ce système a été fait avec Rodin. Toutes les obligations de preuves on été traitées. Le tableau suivant donne par modèle le nombre d'obligations de preuve, le nombre de preuves réalisées automatiquement et enfin interactivement.

Modèle	Total	Auto	Inter
m0	30	21	9
m1	12	12	0
m2	27	21	6
m3	43	33	10
m4	21	19	2
m5	28	13	15

Nous avons trouvé les démonstrations interactives plutôt courtes et faciles.

6.4 Conclusion

Dans ce chapitre, nous avons présenté un développement prouvé d'un algorithme de communication. La version étudiée (celle à deux emplacements mémoires) est décrite dans l'article de Simpson [43]. Notre développement est structuré en une séquence de six modèles se raffinant qui introduisent les éléments nécessaires pour démontrer formellement la correction de l'algorithme décrit dans l'article original.

Une spécification générale à base de trace de valeurs est d'abord proposée. Celle-ci expose comment le lecteur et l'écrivain peuvent se comporter pour réaliser la communication, nous avons vu que nous autorisons le lecteur à se répéter ou à passer des valeurs ainsi qu'à avoir un certain retard par rapport à l'écrivain. Ces aspects définissent ce que nous entendons par communication asynchrone.

Nous avons ensuite étudié comment les propriétés de l'algorithme étudié s'expriment dans le cadre de la spécification générale. En particulier, dans cet algorithme, le lecteur ne peut avoir qu'une valeur de retard par rapport à la dernière valeur écrite par l'écrivain. De plus, le comportement de l'écrivain et du lecteur n'est pas complètement asynchrone; en effet, pendant une même lecture on ne peut effectuer qu'une écriture sinon cette implémentation avec deux emplacements mémoires partagés n'est pas correcte.

Enfin, nous avons introduit les contraintes temporelles sur l'ordonnancement du lecteur et de l'écrivain. Pour cela nous avons appliqué notre patron de chronomètre. Nous avons montré que ces contraintes permettent de mettre en œuvre l'algorithme de manière sure (sans utilisation incorrecte de la mémoire partagée). Nous avons aussi montré que ce système ne pouvait pas se bloquer.

Le lecteur pourrait se demander si utiliser 5 raffinements pour étudier ce système est vraiment utile. Il faut bien se rendre compte qu'il est toujours possible d'étudier tous les aspects d'un système dans un seul modèle mais il est plus difficile de manipuler un tel modèle., Alors qu'en introduisant un modèle pour étudier un aspect particulier du système la preuve et l'expression des propriétés s'en trouvent facilités. On peut par exemple se référer à la sous-section 6.3.1 pour voir qu'exprimer un prédicat sur les traces est naturel pour le genre de propriété étudiée à ce moment là. Alors qu'en sous-section 6.3.4 on peut facilement exprimer la condition pour utiliser de manière sûre la mémoire. Entre les deux en trouve en sous-section 6.3.2 et 6.3.5, des raffinements qui n'ont d'autre but que d'enlever le formalisme qui était utile à l'étape d'avant mais qui ne l'est plus pour étudier un autre aspect du système (ce genre de raffinement n'apporte aucune difficulté de preuve). Nous voyons ainsi clairement comment le raffinement permet de structurer et d'aider l'activité de preuve et de développement.

En conclusion, nous pouvons observer comment la méthode d'application d'un patron et comment ce patron temporel de chronomètre nous ont permis d'étudier les contraintes d'ordonnancement temporel de cet algorithme.

Chapitre 7

Application outillée des patrons

Nous avons présenté dans le chapitre 4 des patrons permettant d'introduire les concepts nécessaires à l'étude des propriétés et contraintes temporelles qualitatives de systèmes. L'utilisation de ces patrons suit un processus de raffinement systématique qui est expliqué dans ce chapitre et que doit suivre la personne en charge de la modélisation. Comme ce processus est systématique, il est possible de l'outiller par un logiciel dédié. Le principe est de présenter à l'utilisateur une vue spécialisée spécifique au patron qui permet d'étudier le temps. Cette vue contiendra un modèle B évènementiel normal ainsi que des éléments supplémentaires sous forme d'annotations spécifiques aux notions temporelles mises en jeu. À partir de ces informations, le patron sera appliqué automatiquement par le logiciel afin de générer un modèle B évènementiel sur lequel les preuves se feront.

Dans ce chapitre, nous verrons d'abord dans la section 7.1 le mécanisme général de greffons (*plugin*) qui permet d'étendre le logiciel manipulant les modèles, puis nous aborderons dans la 7.2 les aspects spécifiques aux deux patrons d'agenda puis dans la section 7.3 ceux spécifiques au patron de chronomètre. Enfin nous conclurons dans la section 7.4.

7.1 Le système de greffon d'Eclipse

Un des logiciels pour manipuler et étudier les modèles B (évènementiels dans notre cas) est nommé Rodin[1], il est issu d'un projet de recherche européen du même nom. Rodin est basé sur la plateforme Eclipse IDE[2]. Eclipse est un environnement de développement intégré (*Integrated Development Environment - IDE*) programmé en Java. Un IDE est une application graphique regroupant un ensemble d'outils pour le développement de logiciels.

La caractéristque principale d'Eclipse est d'être complètement architecturé par des composants appelés plugins. Les seuls éléments constitutifs qui ne sont pas des plugins forment le noyau d'Eclipse. Ce noyau est principalement responsable de la bibliothèque graphique de base et d'un mécanisme de gestion des plugins (lancement des plugins à la volée, dépendance et communication entre les plugins). L'utilisateur final d'Eclipse télécharge initialement une collection particulière de plugins adaptés au genre de projet qu'il souhaite mener, mais il peut toujours ajouter (ou retirer) des plugins suivant ses besoins. Historiquement, Eclipse gérait surtout les développements de logiciels en Java, mais l'offre s'étend maintenant à une grande variété de projets. Finalement, Eclipse est une plateforme gérant une exécution concertée et intégrée de plugins fournissant divers services à l'utilisateur, un peu comme un système d'exploitation peut gérer un ensemble de programmes.

L'innovation principale des plugins est de fournir un mécanisme évolué pour gérer des communications et interactions entre les plugins. Le tout se faisant avec un chargement paresseux des plugins. C'est à dire que quand un logiciel construit avec Eclipse démarre seul une partie des plugins est chargée en mémoire et exécutée, ensuite quand l'utilisateur

---

[1]http://sourceforge.net/projects/rodin-b-sharp/
[2]http://www.eclipse.org/

déclenche des fonctions les plugins correspondant sont chargés et exécutés. Pour réaliser ceci il est nécessaire d'introduire un mécanisme supplémentaire par dessus le fonctionnement des programmes en Java. Un plugin est donc formé de code Java venant avec des fichiers de configuration explicitant l'interface de ce plugin avec les autres. Pour qu'il puisse y avoir une interaction sur une fonction particulière d'un plugin, il faut que celui-ci déclare un point d'extension. Ce point d'extension est ensuite utilisé par d'autres plugins qui déclarent une extension sur ce point. La gestion du lien entre tous les points d'extension et les extensions est réalisée par le noyau d'Eclipse, c'est ce noyau qui va s'assurer de lancer l'exécution du code correspondant aux extensions lorsqu'un point d'extension est sollicité (ce qui permet le chargement à la volée et le découplage de code java des différents plugins). Une des faiblesses de ce système est qu'il faut que les concepteurs d'un plugin aient effectivement prévu un point d'extension, il n'y pas possibilité d'ajouter des fonctions à n'importe quel endroit du code si ce n'est pas prévu.

Par exemple, si un plugin A gère des fichiers du disque, il peut déclarer un point d'extension correspondant à une action possible sur ce fichier. Au moment où le plugin A est conçu et développé, on ignore quelles seront toutes les actions possibles sur ces fichiers. N'importe quel développeur peut ensuite proposer des autres plugins qui vont rajouter des nouvelles actions sur les fichiers (comme par exemple l'analyse d'un fichier source par un nouvel outil).

7.1.1 La plateforme Rodin

La plateforme Rodin utilise les outils et l'architecture proposés par Eclipse et est donc constituée d'un ensemble de plugins gérant des modèles, leur édition, leur traitement, les preuves etc.

En pratique et sans rentrer dans les détails, les plugins sont regroupés dans des *features*. L'architecture de Rodin est composée de quelques grandes briques :

- L'AST Library fournit les mécanismes de base pour la manipulation des chaines de caractères représentant les formules logiques et de l'arbre syntaxique (*Abstract Syntax Tree - AST*) correspondant après analyse.
- Sequent Prover (qui dépend de l'AST Library) permet de manipuler les séquents (mono-conclusion pour le moment).
- Indépendamment des précédents, l'Eclipse IDE contient le noyau d'Eclipse ainsi que les plugins nécessaires à l'interface graphique de base (menu, vue, icônes, etc).
- Par dessus celui-ci, Rodin Core introduit les notions de projet et de ressources spécifiques à un projet de modélisation, mais sans introduire les éléments spécifiques au B évènementiel.
- Par dessus ces quatre briques, on trouve Event-B Core qui apporte tous les mécanismes internes propres aux modèle B évènementiels et à ses traitements.
- Enfin, Event-B UI contient les différents éléments de l'interface graphique (*User Interface - UI*)

Le but de Rodin est d'avoir un outil pour étudier des modèles B évènementiels en ayant la possibilité d'étendre les modèles par de nouveaux aspects. Dans ce but, il a été décidé que l'élément central permettant la manipulation des modèles serait une interface de programmation (*Application Programming Interface - API*) en Java puisque Eclipse et Rodin sont en Java. Usuellement pour manipuler des modèles ou des sources, on utilise un fichier textuel qui suit une certaine syntaxe, les programmes devant manipuler les données doivent d'abord analyser le texte pour produire un arbre syntaxique et ensuite travailler sur l'arbre. Dans Rodin, l'idée est d'avoir un système comme une base de donnée qui contient les différentes parties des modèles et des projets. Les différents plugins traitant les modèles doivent utiliser l'interface de ce système pour obtenir, modifier et stocker les constituants des modèles. L'avantage est qu'il est possible d'ajouter des nouveau constituants dans les modèles (comme par exemple des aspects temporels) sans avoir à modifier l'ensemble du logiciel.

Ce système de base de données est structuré en deux niveaux, la base de données stocke les éléments comme les projets, les modèles, les différentes parties des modèles comme les invariants, les évènements, les différentes parties des évènements comme les gardes, les actions etc. Mais arrivés au niveau d'un prédicat ou d'une substitution, ceux-ci ne sont pas gérés de manière structurée. C'est à dire qu'un prédicat (par exemple) n'est pas géré par la base de donnée sous la forme d'un arbre syntaxique mais sous la forme d'une chaine de caractères. C'est-à-dire que pour manipuler les formules logiques et les substitutions, il est nécessaire de déclencher leur analyse par des procédures d'analyses traditionnelles fournissant un arbre syntaxique. Cette différence de traitement entre les parties d'un modèle et les formules se retrouvent dans l'architecture de Rodin, la base de données est définie dans Rodin Core et Event-B Core alors que l'analyse des formules logique est traitée dans AST Library et Sequent Prover. Même dans l'interface graphique fournie à l'utilisateur,les parties du modèle sont présentées par différents *widgets* (éléments d'interface graphique) tandis que les formules sont présentées sous forme textuelle.

7.1.2 Notre greffon

Nous avons vu que l'architecture de Rodin permet de modulariser le traitement des modèles, nous pouvons utiliser cette capacité avec un plugin qui outillera l'utilisation des patrons pour gérer des aspects temporels. Le but est de pouvoir gérer ces aspects en réutilisant toutes les fonctions de Rodin pour la partie non-temporelle du modèle. Le plugin doit permettre d'utiliser les 3 patrons définis dans nos travaux en minimisant le travail que doit fournir l'utilisateur.

Pour cela, il y a deux aspects à considérer, l'interface graphique et la génération d'un modèle résultat de l'application du patron

Pour l'interface, il est possible d'utiliser les points d'extension de l'éditeur B évènementiel pour ajouter des champs supplémentaires dans les modèles. La section suivante précise quels types de champs seront nécessaires suivant le patron temporel considéré. L'utilisateur pourra saisir l'interface habituelle pour saisir le reste du modèle. Une fois le modèle augmenté par des annotations temporelles, il doit pouvoir être sauvegardé. Pour cela, il faut étendre le système de base de donnée et déclarer les éléments correspondant aux annotations. Il faudra déclarer dans le modèle avec quel patron l'utilisateur souhaite travailler. Ceci fait, Rodin peut gérer automatiquement la création d'un fichier pour sauvegarder les nouveaux éléments. Dans l'idéal, il faudrait désactiver la génération d'obligations de preuve sur ce modèle annoté puisque la preuve se déroulera dans un modèle généré à partir de celui-ci.

Pour générer le modèle contenant l'application du patron sur le modèle rentré par l'utilisateur, il est possible d'ajouter un traitement à chaque sauvegarde, voir à chaque modification du modèle. Dans ce traitement le plugin peut lire toutes les informations du modèle, le B normal ainsi que les annotations et produire un nouveau modèle où le patron a été appliqué. Avant de faire cela, le plugin doit vérifier le type des formules qui se trouvent dans les annotations, ces formules sont inconnues du système de Rodin, elles sont simplement considérées comme des chaines de caractères. Il faut donc définir leur forme et une analyse de celle-ci pour les vérifier. Évidemment en cas d'erreur, l'utilisateur doit être notifié.

7.2 Traitement des patrons d'agenda

Si on résume en quelques mots le patron d'agenda : il permet de spécifier des échéances futures sur des évènements. Il existe en deux versions : une traitant des échéances relatives à l'instance zéro du système et incrémentant une variable *now* pour l'instant présente et une autre version traitant des échéances relatives à l'instant présent (celui ci est donc toujours égal à zéro). Le plugin proposera une même interface pour les deux versions et la possibilité de générer l'une ou l'autre version.

Pour illustrer le fonctionnement du plugin, nous pouvons reprendre l'exemple du minuteur de la lampe du chapitre 4 sur les patrons. Traité par le plugin, cet exemple serait visualisé selon le modèle dans la figure 7.1.

```
MACHINE m1_at
REFINES m0
SEE ... //définition des constantes c et d
VARIABLES lo
INVARIANTS
  //(vide)
TIMED INVARIANTS
  ti1: ∃x·x ∈ now .. now + c + d ∧ AT(off) ⊆ {x}
  ti2: lo = FALSE ⇔ AT(off) = ∅
EVENTS
Initialisations ≙
  Begin
    act1: lo := FALSE
  End
on ≙
  Any dc
  Where
    grd1: dc ∈ c − d .. c + d
  Set
    tmp1: AT(off) := {now + dc}
  Then
    act1: lo := TRUE
  End
off ≙
  When
    //(vide)
  Constraining Events
    on //information ajoutée automatiquement
  Then
    act1: lo := FALSE
  End
END //m1_at
```

FIG. 7.1 – Exemple de la lampe traitée par le plugin avec le patron d'agenda

Pour pouvoir appliquer le plugin d'agenda, il est nécessaire d'ajouter des annotations pour chaque évènement mettant à jour un agenda. Ces annotations sont indiquées par le mot clé *Set* (à proprement parler ce n'est pas un mot clé mais seulement un label informatif), comme on peut le voir dans la figure. Cette annotation est une substitution de type $AT(e) := E$ avec AT un opérateur prenant en paramètre un nom d'évènement et E une expression ensembliste pouvant aussi contenir un ou des AT. On peut aussi considérer une substitution plus générale (comme dans le patron) avec la forme $AT := E$, où E peut être n'importe quelle expression ensembliste (comme une surcharge). Ces annotations *Set* doivent être transformées en action dans le même évènement où ils sont définis (raffinement l'évènement *set* du patron), le plugin doit aussi toutes les parcourir pour déterminer l'ensemble des évènements qui sont contraint par un agenda. On pourra aussi placer des échéances dans l'évènement d'initialisation, mais par défaut le plugin devra initialiser les agendas à l'ensemble vide.

Tous les évènements contraints doivent raffiner l'évènement *use* du patron, de plus le plugin peut automatiquement indiquer dans la partie *Constraining Events* d'un évènement contraint, les évènements à l'origine de cette contrainte (c'est une information importante pour la compréhension du modèle). Enfin on peut indiquer dans la section *timed invariant* du modèle des invariants utilisant l'opérateur AT pour manipuler les agendas, les évènements se trouvant utilisés dans l'opérateur doivent avoir effectivement été contraints dans une annotation *Set*.

Concernant l'encodage des agendas, il faut évidemment remplacer tous les AT par une ou des variables dans le modèle généré, pour cela on suit la méthode définie dans le patron. L'évènement *tic* doit aussi être rajouté.

Dans le cas où l'utilisateur choisit de générer la version relative, la variable *now* est remplacée par la valeur zéro (plus d'éventuelles simplifications), il faut aussi rajouter la bonne version de l'évènement *tic*. Le but de cette version est de pouvoir travailler avec un *model-checker* sur les modèles avant de faire les démonstrations formelles sur la version absolue. Il est intéressant de procéder ainsi, c'est à dire d'écrire le modèle en utilisant la variable *now* et de générer ensuite la version relative, car aller dans l'autre sens est plus délicat. Notons d'ailleurs que la version relative ne peut pas gérer les invariants utilisant des valeurs temporelles constantes (puisque *now* vaut toujours 0). De plus la version absolue est plus intéressante pour la preuve (évènement *tic* plus élégant) et c'est avant tout la vérification par la preuve qui nous intéresse.

Pour garder tels quels, modifier ou supprimer les gardes et les évènement abstraits, c'est l'interface habituelle qui est utilisée. De toute manière, le plugin ne peut pas modifier l'interface existante sur les parties non-temporelles, le plugin ne peut que rajouter de nouvelles parties d'interface. La saisie des annotation se fait en les tapant au clavier, elles sont ensuite vérifiées avant la génération du modèle.

Pour aider l'utilisateur, un assistant peut être conçu pour qu'à partir d'une interface concernant uniquement les annotations, le plugin place celles-ci dans le modèle. On peut ainsi utiliser une interface qui s'éloigne de l'interface normale et propose, par exemple, une liste de couples d'évènements et d'occurences à la place des annotations d'évènement (par exemple, depuis $(e1, E1), \cdots, (ek, Ek)$ on peut générer $AT := AT \Leftarrow \{e1 \mapsto E1, \cdots, ek \mapsto Ek\}$).

7.3 Traitement du patron de chronomètre

Le patron de chronomètre permet quand à lui de contraindre la durée entre deux évènements par des bornes supérieures ou inférieures. L'interface du plugin doit donc principalement permettre d'ajouter ces bornes sur les évènements contraints. Nous retrouvons dans la figure 7.2 l'exemple du minuteur de la lampe tel qu'il doit être vu par l'interface du plugin.

On peut voir dans l'évènement *off* une illustration de l'utilisation d'une borne inférieure dans la partie *Lower Bound* et d'une borne supérieure dans la partie *Hard Upper Bound*. Il est aussi possible de considérer une borne supérieure non obligatoire *Soft Upper Bound*, dans ce cas l'évènement ne peut plus se déclencher au dela de la borne mais il n'est pas obligé de se déclencher avant. Ces annotations contraignent l'évènement dans lequel elles se

```
MACHINE m1_s
REFINES m0
SEE ...
VARIABLES lo
INVARIANTS
  //(vide)
TIMED INVARIANTS
  ti1: lo = TRUE ⇒ S(on) ≤ c + d
  ti2: lo = FALSE ⇒ c − d ≤ S(on)
EVENTS
Initialisations ≙
  Chrono Init
    si1: S(on) := 0
  Begin
    act1: lo := FALSE
  End
on ≙
  Begin
    act1: lo := TRUE
  End
off ≙
  When
    grd1: lo = TRUE
  Lower Bound
    lb_off: c − d ≤ S(on)
  Hard Upper Bound
    ub_off: S(on) ≤ c + d
  Then
    act1: lo := FALSE
  End
END //m1_s
```

FIG. 7.2 – Exemple de la lampe traité par le plugin avec le patron de chronomètre

trouvent et peuvent faire référence à la durée s'étant écoulé depuis un évènement à l'aide de l'opérateur S qui prend en paramètre un nom d'évènement. Ces annotations, comme les autres, seront tapées au clavier par l'utilisateur et le plugin doit vérifier que l'expression est correcte (l'évènement existe effectivement, la valeur de S doit être utilisée comme un entier et le tout doit être un prédicat).

Le plugin doit analyser toutes les bornes avec leurs usages de S pour déterminer quels évènements sont surveillés par un chronomètre. Tous ces évènements doivent raffiner l'évènement *reset* du patron.

Comme par exemple pour l'évènement *on* ci-dessous.

```
on ≙
  Begin
    act1: lo := TRUE
    act2: S(on) := 0
  End
```

Il convient aussi de générer une ou des variables pour coder les chronomètres, il faut une valeur pour chaque évènement, se rapporter au chapitre 4 pour plus de précisions sur la manière d'encoder les chronomètres.

La génération des bornes inférieures et de l'invariant *TIMED INVARIANTS* est simple il suffit de remplacer les opérateurs S par leur encodage. Cela peut se voir dans l'exemple ci-dessous (modulo l'encodage du S).

```
off ≙
  When
    grd1: lo = TRUE
    grd2: c − d ≤ s_o
  Then
    act1: lo := FALSE
  End
```

Il est nécessaire de laisser l'utilisateur initialiser les chronomètres (partie *Chrono Init* dans l'initialisation) de manière à ce que l'invariant soit vérifié dès l'initialisation. Le plugin doit vérifier que tous les chronomètres nécessaires aient une déclaration d'initialisation.

Le traitement des bornes supérieures des annotations *Hard Upper Bound* et de l'évènement *tic* est plus complexe. Pour rappel, nous donnons ci-dessous l'évènement *tic* qui doit être généré (modulo l'encodage du chronomètre de *on*).

```
tic ≙
  Any s
  Where
    grd1: 0 < s
    ub_off: lo = TRUE ⇒ S(on) + s ≤ c + d
  Then
    act1: S(on) := S(on) + s
  End
```

En effet, suivant le patron, le plugin doit manipuler les gardes des évènements contraints par une borne supérieure et les recopier dans une garde de l'évènement *tic* afin de bloquer la progression du temps à cette borne.

Le patron doit aussi vérifier que les bornes supérieures sont bien supérieures aux bornes inférieures, ce qui peut mener à une obligation de preuve.

7.4 Conclusion

On voit qu'en principe la création d'un plugin appliquant mécaniquement les patrons à partir d'un ensemble d'annotations permet à l'utilisateur de manipuler plus efficacement les aspects temps-réels sans avoir à se soucier de corriger l'application du patron en cas de changement.

À la date où ces lignes sont écrites, le plugin n'est pas encore programmé, nous avons néanmoins étudié les aspects techniques nécessaires à sa mise en œuvre et sa réalisation ne devrait pas poser de problème insurmontable.

En perspective, il peut être intéressant de mettre en place un mécanisme pour gérer le cas où le système comporte un nombre indéfini d'entités réagissant en parallèle au temps. En effet, dans ce cas il faut gérer une interface ainsi qu'un codage adapté pour un nombre indéfini de chronomètre ou d'agenda par évènement concerné.

Chapitre 8

Conclusion

Dans nos travaux, nous avons montré comment il est possible d'introduire des aspects temporels grâce à une modélisation explicite du temps au sein de la méthode B évènementielle. Nous proposons pour cela trois patrons de raffinement : un patron qualifié d'agenda avec une version manipulant des valeurs temporelles absolues et une version avec des valeurs relatives (à l'instant du présent) et un patron qualifié de chronomètre. Tous ces patrons permettent de spécifier et d'étudier les durées s'écoulant entre le déclenchement des évènements. Les différentes modélisations mises en œuvre par les patrons permettent d'obtenir des modèles temporisés avec différentes propriétés. Le patron d'agenda utilise des ensembles d'échéances pour déclencher certain évènements à un moment précis, ces échéances sont fortement liées à la garde de l'évènement déclenché et peuvent ainsi être logiquement équivalentes avec la garde. La version absolue est plus adaptée pour la vérification par démonstration formelle tandis que la version relative est plus adaptée à la vérification par *model-checking*. Le patron de chronomètre utilise quand à lui des valeurs caractérisant la durée écoulée depuis le dernier déclenchement d'un évènement, ces valeurs servent ensuite à contraindre le déclenchement d'autres évènements. Dans ce patron, les contraintes temporelles se superposent aux gardes des évènements sans les remplacer complètement.

Ces trois patrons servent à aider à la modélisation de systèmes temporels. Nous pensons qu'ils montrent l'intérêt de capitaliser l'expérience obtenue en modélisant et en prouvant des systèmes afin de transmettre cette expérience à d'autres.

Les patrons d'agenda ont été expérimentés sur le protocole RCP (de la norme *FireWire* IEEE1394) où nous avons pu montrer que les temporisations mises en œuvre permettent bien d'assurer le bon fonctionnement de l'algorithme.

Le patron de chronomètre a été expérimenté sur l'algorithme distribué de communication asynchrone de Simpson [43] dans sa version à deux emplacements mémoires. Cette version nécessite un ordonnancement respectant certaines propriétés temporelles quantitatives pour assurer son bon fonctionnement. Nous avons montré en appliquant notre patron de chronomètre que ces contraintes permettent à cette version de l'algorithme de fonctionner correctement. Nous avons aussi montré que ce système ne pouvait pas se bloquer intempestivement.

Perspectives Dans nos travaux, nous avons utilisé l'ensemble des entiers naturels comme domaine de nos variables temporelles alors que le temps est une donnée continue, cela ne porte pas à conséquence outre mesure car les constantes utilisées peuvent rester indéterminées (mais caractérisées par des prédicats). Néanmoins, il serait plus naturel d'utiliser l'ensemble des réels. Ainsi le domaine temporel serait continu et modéliserait plus fidèlement le temps. De plus, à partir du moment où l'on utilise les propriétés et axiomes mathématiques des nombres, relations d'ordre, etc pour vérifier les modèles, le processus de démonstration n'est pas fondamentalement différent dans le cas des réels ou des naturels. Cela serait donc une perspective intéressante de modifier les outils afin qu'ils intègrent la théorie des nombres réels. Il existe d'ailleurs des travaux en cours de Jean-Raymond Abrial pour axiomatiser l'ensemble des réels dans la théorie de B, ce qui pourrait donner lieu à leur introduction dans Rodin.

Concernant l'effort de démonstration à fournir, beaucoup d'améliorations peuvent probablement être faites. Nous avons déjà noté une progression substantielle de la prise en compte de l'arithmétique entre l'outil B4Free (les prouveurs de l'AtelierB) utilisé avec Click&Prove et l'outil Rodin. Ce dernier inclus en effet des tactiques et règles de réécritures dont certaines sont plus efficaces pour automatiser les opérations nécessaires aux démonstrations de propriétés arithmétiques. Il serait probablement encore plus intéressant de travailler à améliorer les prouveurs automatiques ou de tenter d'utiliser d'autres prouveurs existant plus spécialisés dans l'arithmétique.

Sur l'effort de preuve en générale, c'est-à-dire non limité aux propriétés arithmétiques, nous avons trouvé les démonstrations interactives de l'étude de cas de la contention très répétitives. Il y a clairement une marge de manœuvre importante pour des tactiques spécialisées pour traiter plus automatiquement les répétitions que l'on trouve dans cette étude de cas (comme par exemple la manipulation des ensembles représentant les agendas). Nous comptons ainsi étudier les possibilités d'extension par *plug-in* de Rodin dans ce cas.

Dans nos travaux, nous avons proposé plusieurs patrons de raffinement, ces patrons n'en sont réellement que s'ils se répandent réellement chez les utilisateurs de la méthode B. Les premiers résultats dans ce sens sont encourageants, en interne dans notre équipe un nouveau doctorant (Neeraj Kumar Singh sous la direction de Dominique Méry) a utilisé notre patron de chronomètre pour son étude formelle des *pacemakers* dont le bon fonctionnement est représenté par des propriétés temporelles quantitatives. Nous pensons que notre patron a effectivement donné lieu à une meilleure transmission de l'expérience et un développement plus rapide de cette étude de cas. Notre patron d'agenda a été cité dans [36] par Atif Mashkoor, Jean-Pierre Jacquot et Jeanine Souquières dans un travail sur une étude de cas de système de transport. Enfin, nous avons eu des échos favorables sur l'utilisation de nos patrons par des membres du projet européen DEPLOY[1].

---

[1] www.deploy-project.eu

96

Bibliographie

[1] Martín Abadi and Leslie Lamport. An old-fashined recipe for real-time. *ACM Trans. Program. Lang. Syst.*, 16(5) :1543–1571, 1994.

[2] Jean-Raymond Abrial. *The B Book - Assigning Programs to Meanings*. Cambridge University Press, August 1996.

[3] Jean-Raymond Abrial. Extending B without changing it (for developing distributed systems). In Henri Habrias, editor, *Proceedings of 1st Conference on the B method, Putting into Practice methods and tools for information system design*, pages 169–191, 3 rue du Maréchal Joffre, BP 34103, 44041 Nantes Cedex 1, November 1996. B1996, IRIN Institut de recherche en informatique de Nantes.

[4] Jean-Raymond Abrial. *Modeling in Event-B : System and Software Engineering*. Cambridge University Press, 2009.

[5] Jean-Raymond Abrial and Dominique Cansell. Formal development of simpson's 4-slot algorithm. Technical report, Private communication, March 2006.

[6] Jean-Raymond Abrial, Dominique Cansell, and Dominique Méry. A mechanically proved and incremental development of ieee 1394 tree identify protocol. *Formal Asp. Comput.*, 14(3) :215–227, 2003.

[7] Jean-Raymond Abrial, Dominique Cansell, and Dominique Méry. A mechanically proved and incremental development of IEEE 1394 tree identify protocol. *Formal Asp. Comput.*, 14(3) :215–227, 2003.

[8] Jean-Raymond Abrial, Dominique Cansell, and Dominique Méry. A new IEEE 1394 leader election protocol. In *Rigorous Methods for Software Construction and Analysis Seminar N 06191,07.05.-12.05.06*. Schloss Dagstuhl, U. Glaser and J. Abrial, 2006.

[9] Jean-Raymond Abrial and Louis Mussat. Introducing dynamic constraints in b. In Didier Bert, editor, *B*, volume 1393 of *Lecture Notes in Computer Science*, pages 83–128. Springer, 1998.

[10] Jean-Raymond Abrial and Louis Mussat. On using conditional definitions in formal theories. In Didier Bert, Jonathan P. Bowen, Martin C. Henson, and Ken Robinson, editors, *ZB'2002 – Formal Specification and Development in Z and B*, volume 2272 of *Lecture Notes in Computer Science*, pages 242–269, Grenoble, France, January 2002. LSR-IMAG.

[11] Christopher Alexander. *A Pattern Language : Towns, Buildings, Construction*. Oxford University Press, USA., 1977.

[12] James F. Allen. Towards a general theory of action and time. *Artif. Intell.*, 23(2) :123–154, 1984.

[13] Rajeev Alur and David L. Dill. Automata for modeling real-time systems. In Mike Paterson, editor, *ICALP*, volume 443 of *Lecture Notes in Computer Science*, pages 322–335. Springer, 1990.

[14] Rajeev Alur and David L. Dill. A theory of timed automata. *Theor. Comput. Sci.*, 126(2) :183–235, 1994.

[15] Gérard Berry and Georges Gonthier. The esterel synchronous programming language : Design, semantics, implementation. *Sci. Comput. Program.*, 19(2) :87–152, 1992.

[16] Jean-Paul Bodeveix, Mamoun Filali, and Miloud Rached. Méthodes de spécification de systèmes temps réel en b. In *Formalisation des Activités Concurrentes (FAC)*, March 2004.

[17] Lilian Burdy. *Traitement des expressions dépourvues de sens de la théorie des ensembles : Application à la méthode B.* PhD thesis, CEDRIC-CNAM, 2000.

[18] Michael Butler and Jerome Falampin. An approach to modelling and refining timing properties in b. In *Refinement of Critical Systems (RCS)*, January 2002.

[19] Dominique Cansell and Dominique Méry. Proved-patterns-based development for structured programs. In Volker Diekert, Mikhail V. Volkov, and Andrei Voronkov, editors, *CSR*, volume 4649 of *Lecture Notes in Computer Science*, pages 104–114. Springer, 2007.

[20] Paul Caspi, Daniel Pilaud, Nicolas Halbwachs, and John Plaice. Lustre : A declarative language for programming synchronous systems. In *POPL*, pages 178–188, 1987.

[21] J. Chen and A. Burns. Loop-free asynchronous data sharing in multiprocessor real-time systems based on timing properties. In *RTCSA '99 : Proceedings of the Sixth International Conference on Real-Time Computing Systems and Applications*, page 236, Washington, DC, USA, 1999. IEEE Computer Society.

[22] Samuel Colin. *Contribution à l'intégration de temporalité au formalisme B : Utilisation du calcul des durées en tant que sémantique temporelle pour B.* PhD thesis, Universitée de Valenciennes et du Hainaut-Cambrésis, 2006.

[23] Samuel Colin, Georges Mariano, and Vincent Poirriez. Duration calculus : A real-time semantic for B. In Zhiming Liu and Keijiro Araki, editors, *ICTAC*, volume 3407 of *Lecture Notes in Computer Science*, pages 431–446. Springer, 2004.

[24] Bruno Dutertre. Complete proof systems for first order interval temporal logic. In *LICS*, pages 36–43. IEEE Computer Society, 1995.

[25] Ralph Johnson Erich Gamma, Richard Helm and John Vlissides. *Design Patterns : Elements of Reusable Object-Oriented Software.* Addison-Wesley, 1995.

[26] Nicolas Halbwachs, Paul Caspi, Pascal Raymond, and Daniel Pilaud. The synchronous data-flow programming language lustre. In *Proceedings of the IEEE*, volume 79, pages 1305–1320, 1991.

[27] Joseph Y. Halpern, Zohar Manna, and Ben C. Moszkowski. A hardware semantics based on temporal intervals. In Josep Díaz, editor, *ICALP*, volume 154 of *Lecture Notes in Computer Science*, pages 278–291. Springer, 1983.

[28] Michael R. Hansen and Zhou Chaochen. Semantics and completeness of duration calculus. In J. W. de Bakker, Cornelis Huizing, Willem P. de Roever, and Grzegorz Rozenberg, editors, *REX Workshop*, volume 600 of *Lecture Notes in Computer Science*, pages 209–225. Springer, 1991.

[29] Michael R. Hansen and Zhou Chaochen. Duration calculus : Logical foundations. *Formal Asp. Comput.*, 9(3) :283–330, 1997.

[30] Eyal Harel, Orna Lichtenstein, and Amir Pnueli. Explicit clock temporal logic. In *LICS*, pages 402–413. IEEE Computer Society, 1990.

[31] Leslie Lamport. *Specifying Systems, The TLA+ Language and Tools for Hardware and Software Engineers.* Addison-Wesley, 2002.

[32] Leslie Lamport. Real time is really simple. Technical Report MSR-TR-2005-30, Microsoft Research, 2005.

[33] Leslie Lamport. Real-time model checking is really simple. In *Correct Hardware Design and Verification Methods*, volume 3725 of *Lecture Notes in Computer Science*, pages 162–175. Springer, 2005.

[34] Paul Le Guernic, Michel Le Borgne, Thierry Gautier, and Claude Le Maire. Programming real time applications with SIGNAL. In *Proceedings of the IEEE*, volume 79, pages 1321–1336, 1991.

[35] Michael Leuschel and Michael J. Butler. Prob : A model checker for b. In Keijiro Araki, Stefania Gnesi, and Dino Mandrioli, editors, *FME*, volume 2805 of *Lecture Notes in Computer Science*, pages 855–874. Springer, 2003.

[36] Atif Mashkoor, Jean-Pierre Jacquot, and Jeanine Souquières. B événementiel pour la modélisation du domaine : application au transport. In *Approches Formelles dans l'Assistance au Développement de Logiciels (AFADL'2009)*, page 19, Toulouse France, 2009.

[37] Odile Nasr. *Spécification et vérification des ordonnanceurs Temps Réel en B*. PhD thesis, Université Paul Sabatier, 2007.

[38] Odile Nasr, Jean-Paul Bodeveix, Mamoun Filali, and Miloud Rached Irit. Verification of a scheduler in b through a timed automata specification. In Hisham Haddad, editor, *SAC*, pages 1800–1801. ACM, 2006.

[39] M. Rached, J.-P. Bodeveix, M. Filali, and O. Nasr. A Timed B Method for Modelling Real Time Reactive Systems. In G. Eleftherakis, editor, *2nd South-East European Workshop on Formal Methods (SEEFM 05), Formal Methods : Challenges in the Business World, Ohrid, 18-19 Nov 2005*, pages 181–195. South-East European Research Centre (SEERC), June 2006.

[40] Miloud Rached. *Spécification et vérification des systèmes temps réel réactifs en B*. Thèse de doctorat, Université Paul Sabatier, Toulouse, France, mai 2007.

[41] Miloud Rached, Jean-Paul Bodeveix, Mamoun Filali, and Odile Nasr. Real Time Aspects : Specification and Composition in B. In *7th International Workshop on Aspect-Oriented Modeling, Montego Bay, Jamaica, 02/10/05-02/10/05.*?, octobre 2005. Pages de la publication : (web).

[42] Norman Scaife and Paul Caspi. Integrating model-based design and preemptive scheduling in mixed time- and event-triggered systems. In *ECRTS*, pages 119–126. IEEE Computer Society, 2004.

[43] H.R. Simpson. Four-slot fully asynchronous communication mechanism. *Computers and Digital Techniques, IEE Proceedings -*, 137(1) :17–30, Jan 1990.

[44] Mariëlle Stoelinga. Fun with firewire : A comparative study of formal verification methods applied to the ieee 1394 root contention protocol. *Formal Asp. Comput.*, 14(3) :328–337, 2003.

[45] C. Zhou and M. R. Hansen. *Duration Calculus : A Formal Approach to Real-Time Systems*. EATCS : Monographs in Theoretical Computer Science. Springer, 2004.

Une maison d'édition scientifique

vous propose

la publication gratuite

de vos articles, de vos travaux de fin d'études, de vos mémoires de master, de vos thèses ainsi que de vos monographies scientifiques

Vous êtes l'auteur d'une thèse exigeante sur le plan du contenu comme de la forme et vous êtes intéressé par l'édition rémunérée de vos travaux? Alors envoyez-nous un email avec quelques informations sur vous et vos recherches à: info@editions-ue.com.

Notre service d'édition vous contactera dans les plus brefs délais.

Éditions universitaires européennes
Dudweiler Landstraße 99
66123 Sarrebruck
Allemagne
www.editions-ue.com